EM MEDIUNIDADE,

VOCÊ PRECISA SABER

O QUE ESTÁ FAZENDO

1ª edição | 2 reimpressões | 2007 | 15.000 exemplares
2ª edição revista | maio de 2010 | 8.000 exemplares
4ª reimpressão | abril de 2012 | 2.000 exemplares
5ª reimpressão | janeiro de 2013 | 2.000 exemplares
6ª reimpressão | outubro de 2013 | 2.000 exemplares
7ª reimpressão | agosto de 2014 | 2.000 exemplares
8ª reimpressão | setembro de 2015 | 2.000 exemplares
9ª reimpressão | julho de 2019 | 3.000 exemplares

CASA DOS ESPÍRITOS EDITORA LTDA.
Rua dos Aimorés, 3018, sala 904 | Barro Preto
Belo Horizonte | MG | 30140-073 | Brasil
Tel.: +55 31 3304 8300
www.casadosespiritos.com.br
editora@casadosespiritos.com.br

Dados Internacionais de Catalogação na Publicação [CIP]
[Câmara Brasileira do Livro | São Paulo | SP | Brasil]

Gleber, Joseph (Espírito).
Consciência: em mediunidade, você precisa saber o que está fazendo / pelo espírito Joseph Gleber ; [psicografado por] Robson Pinheiro. — 2. ed. — Contagem, MG : Casa dos Espíritos Editora, 2010.

Bibliografia. Apêndice.
ISBN 978-85-99818-06-0

1. Consciência 2. Entrevistas 3. Espiritismo 4. Mediunidade 5. Perguntas e respostas 6. Psicografia I. Pinheiro, Robson. II. Título.

10-04697 CDD-133.93076

Índices para catálogo sistemático:
1. Entrevistas mediúnicas : Perguntas e respostas : Espiritismo 133.93076

CONSCIĒNCIA

CONSCIÊNCIA

ROBSON PINHEIRO

pelo espírito *JOSEPH GLEBER*

casadosespíritos

TÍTULO	Consciência
AUTOR	Robson Pinheiro pelo espírito Joseph Gleber
EDIÇÃO, PREPARAÇÃO E NOTAS	Leonardo Möller
REVISÃO	Laura Martins
ÍNDICE REMISSIVO	Ronaldo Albertino e Laura Martins
FOTO DO AUTOR	Douglas Moreira
PROJETO GRÁFICO E EDITORAÇÃO	moo | studio | desenho gráfico www.moo.st Andrei Polessi
IMPRESSÃO E ACABAMENTO	Ed. Gráf. Bernardi
FORMATO	16 x 23 cm
NÚMERO DE PÁGINAS	288
ISBN	978-85-99818-06-0

FSC ©

Conforme o Novo Acordo Ortográfico da Língua Portuguesa, ratificado em 2008. Composto em Archer. Miolo impresso em papel Avena Natural 80g/m², da International Paper; capa impressa em Cartão Supremo Alta Alvura 300g/m², da Cia. Suzano.

Para Gilvana e Jether Jacomini,

meu casal 20 predileto.

SUMÁRIO

É HORA DE DESPERTAR A CONSCIÊNCIA

introdução | *por Leonardo Möller* | EDITOR

"ESTÁ PRONTO. Não espere de mim outro livro."
Quando o médium Robson Pinheiro me contou acerca das palavras que o espírito Joseph Gleber pronunciou ao dar por encerrada a psicografia do livro *Além da matéria*, fiquei chocado. Pensei: "Poxa, que radical... Será que ele está tão decidido assim? Não pode, afinal, ter vontade de escrever outra coisa, num futuro não muito distante?".

Aprendi com o tempo que Joseph é bastante resoluto, de fato. Fã do planejamento e da organização, não fazia parte de seus projetos escrever nova obra. Pelo que deu a entender à época, o próprio *Além da matéria* só viera a existir por se tratar de complemento à obra original, *Medicina da alma*.

Era a oportunidade de abordar certos tópicos e fazer afirmativas que, na ocasião do primeiro livro[1], não pôde fazer.

QUEBRA-CABEÇA

Mediunidade é assim: os espíritos precisam encontrar, no arcabouço mental do médium, as peças do quebra-cabeça que querem montar. E se valem tanto de elementos do consciente como do inconsciente; da memória atual ou pregressa. Costumo dizer que a mediunidade funciona como as crianças brincando de Lego. Os espíritos podem abusar da criatividade para arranjar as peças de que dispõem. Contudo, se querem uma peça que não existe, têm que mandar comprá-la. Isto é, quando necessitam transmitir algo, e nada há no psiquismo do médium que possa ser utilizado para tal, precisam incentivá-lo a adquirir aquele conhecimento ou, ao menos, travar contato com aquela matéria, ainda que de modo superficial.

Lembro-me de uma ocasião em que Joseph indicou a Robson um livro chamado *O universo elegante*.[2] O médium se dirigiu à livraria e deparou com algo pior do que imagina-

[1] PINHEIRO, Robson. Pelo espírito Joseph Gleber. Contagem, MG: Casa dos Espíritos, 1997/2007 e 2003, respectivamente.

[2] GREENE, Brian. *O universo elegante*. São Paulo, SP: Cia. das Letras, 2001.

va: um livro sobre a teoria das supercordas, tópico recente no estudo da física quântica e da astronomia. Com dor no coração, pois o livro não era barato para suas posses, ele comprou. (E há quem reclame que os livros espíritas são caros... Nunca entraram numa livraria não especializada, imagino.) Ao iniciar a leitura, pensou alto: "Não estou entendendo nada".

— Não precisa! Basta ler e alimentar sua mente com esses conhecimentos — ouviu do espírito Joseph Gleber, à distância, porém sempre muito atento ao médium.

Após as primeiras páginas, de novo o espírito:

— Vamos escrever. Pegue agora papel e caneta.

— Mas eu mal comecei a ler!

— Não interessa. O que leu já é suficiente para transmitir o que pretendo.

O PODER DA PERGUNTA

Refletindo sobre a dinâmica dessa parceria que é o intercâmbio mediúnico, hoje entendo melhor a pedagogia de Joseph. Grandes educadores, os espíritos superiores sempre apresentam os novos conhecimentos aos poucos, em doses homeopáticas. Não poderia ser diferente, considerando-se o professor que têm: Jesus não violentou ninguém e, em vários momentos, sinalizou que não podia explicar tudo.

O mesmo fazem os espíritos na codificação kardequiana. É em *O livro dos espíritos*, obra inaugural do espiritismo, que está a chave para entender um aspecto importante desse método pedagógico de oferecer o conhecimento aos poucos: a pergunta. Esse livro retoma os diálogos da filosofia clássica — talvez por influência de Sócrates e Platão, espíritos que participam da Codificação —, pois é estruturado quase todo em perguntas e respostas, com mais de mil questões. Na verdade, possivelmente o que Kardec tenha buscado retomar seja muito mais o *poder* da pergunta. Ele foi um perguntador insaciável, um questionador contumaz, um curioso inteligente, articulado e bem informado, um interlocutor que não aceitava menos do que compreender na totalidade, averiguar todas as hipóteses que lhe ocorressem, checar o embasamento dos argumentos apresentados. E é essa característica do Codificador que deu o tom do livro.

Se não fossem seus questionamentos, o livro não teria sequer existido. A iniciativa de conhecer partiu do homem Kardec, que, diante de móveis que se movimentavam e respondiam perguntas inteligentes, foi instigado à pesquisa. Onde seus contemporâneos enxergavam simples entretenimento, viu algo sério, fascinante. Naquele momento, foi tocado pelo desconhecido, que despertou no futuro aprendiz e mestre a ânsia de saber, de crescer na compreensão da realidade; enfim, de espiritualizar-se.

DADO O SIGNIFICADO que a obra ganharia, por abranger os assuntos mais relevantes da filosofia humana, vemos que *O livro dos espíritos* é o que é porque houve alguém capaz o suficiente para formular perguntas inteligentes e compilar respostas de modo analítico e fiel ao pensamento das inteligências extrafísicas. Pode parecer bobagem, mas para quem vive num tempo em que as escolas só ensinam a dar respostas — de múltipla escolha, de preferência —, podemos vir a nos esquecer de que, na vida, a questão não é dada, não está pronta, *a priori*. A vida não elabora as perguntas por nós: é preciso problematizar a realidade, delimitar o problema com precisão, pois isso já é meio caminho andado em direção à resposta mais pertinente.

Sobretudo, a pergunta nos mostra que o conhecimento começa no estudante, no seu desejo de conhecer — mola propulsora para avançar um pouco mais.

CONSCIÊNCIA

Este livro de Joseph Gleber segue esse paradigma. Foi construído a partir de perguntas dirigidas a ele por aqueles que sentiram o desejo e a necessidade de aprofundar o conhecimento. Radicalismo, quando afirmou não ter outro livro em mente? Não. A expressão usada foi "Não esperem de mim"; jamais disse: "Não escreverei nada mais". É fato notório que os espíritos verdadeiramente superiores, alerta Kardec, nunca se cansam de responder dúvidas de pessoas interessadas em aprender.

Em *Consciência*, mediunidade é o assunto predileto de Joseph — ou de seus inquiridores? —, nessa obra que quer misturar *consciência* com *ciência*. Que trata de assuntos relativos ao intercâmbio entre as dimensões física e extrafísica com sabedoria, conhecimento real, aliando a teoria à prática.

O autor não dá a última palavra em qualquer assunto que seja. "Não se faz ciência espírita concordando sempre com os espíritos. É preciso desenvolver o espírito de análise, de pesquisa. É necessário romper as barreiras do convencionalismo e apresentar-se ao mundo como um cientista da alma." Essas palavras de Joseph Gleber, destacadas como epígrafe em *Além da matéria*,[3] ganham em *Consciência* inteiro cumprimento.

A ideia tampouco é pontificar ou estabelecer consenso — a quem é outorgada tal autoridade, afinal? Não é revelar a verdade, mas fomentar o surgimento de uma consciência crítica e do desejo de se buscar o esclarecimento. Não é consolar as dores e agruras, numa atitude paternalista e ultrapassada,

[3] *Op. cit.*, p. 7.

mas instigar ao desenvolvimento um espírito que agora se coloca não como vítima, mas agente da vida. Esta, a verdadeira consolação que o espiritismo tem para oferecer ao mundo: a expansão da consciência e a libertação de amarras, preconceitos e posturas acanhadas diante da realidade espiritual.

Se os assuntos são polêmicos, que ótimo! Se envoltos em tabus e comportamentos arraigados, é hora de mexer com eles! Afinal, não é sobre a renovação de conceitos que falam tanto a proposta espírita como a de Jesus?

Quanto a estabelecer o que é certo, vale lembrar o critério que Kardec consagrou como o instrumento por excelência da doutrina espírita: a universalidade do ensino dos espíritos. Vários médiuns, estranhos entre si, recebendo comunicações iguais, se não na forma, ao menos no conteúdo: se o teor da comunicação for visto aqui e acolá, eis um indicativo para admitir tal preceito no corpo doutrinário.

Isso sim é ciência espírita, algo muito diferente de querer adequar a metodologia do espiritismo às convenções da academia, o que é despropositado e inviável, como já alertava Kardec. Se a ciência material e a ciência espírita possuem objetos de estudo distintos — um, denso e inerte; o outro, imaterial e inteligente —, como utilizar metodologias assemelhadas? Não é possível estudar fenômenos sociais em laboratórios de química, nem extrair da história leis equivalentes às que a física enuncia. Quanto mais com o espiritismo, que tem por objeto a realidade eterna e imponderável do espírito imortal.

REVER CONCEITOS

Animismo — a influência da alma do médium na comunicação — é o drama dos médiuns da era pós-moderna e o objeto de muitas perguntas a Joseph. Nem podia deixar de ser, já que a maior parte delas é elaborada por médiuns desencarnados, mais ou menos frustrados com seu desempenho durante a última encarnação. Tais questões são dirigidas a Joseph nos estudos em que esses espíritos se matricularam, cujo objetivo é ajudá-los a restabelecer o equilíbrio e rever conceitos. Assemelham-se àqueles cursos que o espírito André Luiz descreve no conhecido livro *Os mensageiros*.[4]

As reuniões de materialização — especialidade de Joseph, que atua à frente do fenômeno no âmbito espírita há mais de 50 anos, por todo o Brasil — são alvo da curiosidade dos estudantes e dos comentários do autor espiritual. A reboque disso, surgem questões acerca dos mitos correlatos: comer ou não carne, apagar ou não a luz, se bocejar é doar fluidos, entre outros. Ainda: como se processa a doação de ectoplasma, a

[4] XAVIER. Pelo espírito André Luiz. Rio de Janeiro, RJ: FEB, 1944.

natureza desse fluido e as características da equipe espiritual que colabora na promoção dos fenômenos.

Inquietações humanas, como a morte e o morrer, estão presentes nas dissertações. Também há reflexões preciosas sobre a atitude dos espíritas diante da Doutrina, sobre o comportamento dos que pensam deter a posse desse manancial de conhecimentos e das novidades nem sempre coerentes com a essência profunda dos ensinamentos.

Como se vê, é um livro dirigido às mentes questionadoras e curiosas, herdeiras do Codificador, as quais têm sentido falta do diálogo que não se intimida diante dos que temem o avançar dos conceitos e da ciência.

EXISTE? | MEMÓRIA | ENFERMIDADES | DESENVOLVIMENTO | SUBDIVISÕES: INFERIOR E SUPERIOR | MÔNADA OU PRINCÍPIO INTELIGENTE E CORPO MENTAL

CORPO MENTAL

1. *Como se pode entender a possibilidade de o corpo mental arquivar a memória dos fatos transatos, dos mínimos detalhes da vida do ser?*

O CORPO MENTAL — que se apresenta em duas subdivisões: *superior* ou *abstrato* e *inferior* ou *concreto* — possui a capacidade de organizar todas as ações do espírito na forma de arquivos mentais. A sensibilidade desse corpo de ordem superior não pode ser confundida com aquela que os sentidos físicos proporcionam, pois que estes estão aptos a receber estímulos do mundo material, enquanto o corpo mental registra estímulos de uma esfera bem mais sutil. O corpo mental conserva o registro memorial das mais rudimentares experiências e lembranças do espírito imortal. Desse cabedal de informações, das lembranças e faculdades mentais superiores, próprias do organismo mental, originam-se as faculdades mais complexas do espírito encarnado ou desencarnado, desde o desenvolvimento do instinto até o atributo da razão.

As imagens arquivadas no corpo mental superior formam uma espécie de *hipercampo* com suas *hiperfiguras*, o qual está vinculado a um fator espaço-tempo diferente — portanto, a uma dimensão superior. Em virtude de sua capacidade de armazenamento das informações, lembranças vivas e fatos, além da natural especialidade em analisar tais ocorrências, o corpo mental há que vibrar além das dimensões conhecidas, numa quarta dimensão, abrangendo um espaço de ordem superior. Por estar vibrando e existindo nesse contexto hiperfísico ou hiperenergético, o corpo mental conserva em si a consciência da cronologia de todos os fatos vivenciados pelo espírito ao longo de suas existências.

Embora, para efeito didático, estabeleça-se a divisão entre corpo mental *superior* e *inferior*, podemos, com absoluta certeza, diante dos estudos realizados em nossa dimensão, afirmar que sua natureza é una, neutra, não polarizada. Os eventos registrados nesse campo estão num *continuum* superior, o que ilustra sua sensível capacidade de arquivar fatos e vivências sem perder a continuidade e a sequência temporal deles.

2. O corpo mental possui alguma especialização, no que concerne à sua capacidade intelectiva ou à parte inteligente em si?

O CORPO SUPERIOR do espírito, que meus irmãos conhecem como corpo mental, possui uma capacidade inteligente inerente à sua própria estrutura hiperenergética. A centelha divina, sede do pensamento e das intuições, manifesta-se através desse corpo, que possui a capacidade de discernir, pensar, avaliar e raciocinar. Junto a tudo isso, utiliza a vontade como expressão máxima do espírito no campo da individuação. Dessa forma, os estímulos mnemônicos do corpo mental estão intimamente associados ao intelecto, atributo desse corpo sublime do espírito. É no corpo mental que se processa a associação dos diferentes eventos que fazem parte das experiências evolutivas, sociais, espirituais e pessoais do indivíduo, arquivadas em sua sensível estrutura de dimensão superior.

3. Há como obter mais alguns esclarecimentos a respeito das enfermidades do corpo mental?

O CORPO MENTAL, conectado com os chacras superiores, provoca, ao enfermar, distúrbios bem perceptíveis aos meus irmãos, que, com um pouco de estudo e atenção, poderão identificá-los, conforme enumeramos a seguir.

1. Necessidade exagerada de se expressar e de falar sobre si mesmo.

2. Dificuldade de autoexpressão, de expressar e assumir os sentimentos, pensamentos e necessidades.

3. Incapacidade momentânea para externar opiniões, ideias, preocupações e emoções. Os bloqueios emocionais intensos e sentimentos reprimidos habitualmente denotam sério comprometimento do corpo mental, cujo funcionamento irregular passa a congestionar as energias na região do chacra laríngeo.

4. A raiva que provoca tristeza e as lágrimas não expressas também estão relacionadas ao adoecimento do campo mental.

5. Problemas de comunicação, com dificuldade de pronunciar corretamente as palavras, articulando-as de modo claro e inteligível, poderão estar associados a enfermidade localizada no corpo mental, que passa a

exteriorizar as irregularidades no campo físico, tanto quanto no perispiritual.

6. Quando o período de adoecimento do corpo mental é mais duradouro e intenso, nota-se o rebaixamento de sua vibração, atingindo, assim, no corpo físico, os seguintes órgãos: garganta, glândulas tireoide e paratireoide, boca, gengivas, articulação temporomandibular, cordas vocais, traqueia, laringe, faringe, pescoço e vértebras cervicais. Em casos desse porte, mesmo submetendo-se a tratamento através de sério acompanhamento psíquico, magnético e fluidoterápico, é necessário o acompanhamento médico para erradicar do campo físico os resquícios da enfermidade mental, que, na maioria das vezes, está subordinada a alguns dos fatores a seguir:

> 6.1. egoísmo, dificuldade de dar amor, de sentir-se ligado, nutrido e nutrir com o amor universal, humanitário ou de nutrir-se afetivamente e doar-se às outras pessoas;
>
> 6.2. falta de amor e compaixão tanto pelo mundo, sem se deixar ou se permitir sensibilizar-se com a

natureza do mundo onde vive, quanto pelas pessoas, ao privar-se de experimentar os sentimentos de fraternidade e conservar-se fechado para o envolvimento com o próximo, compartilhando e participando da vida e das dificuldades alheias;

6.3. apego excessivo, dependência emocional, autopiedade, amor possessivo e ciúme obsessivo são algumas características de disfunções do corpo mental, cuja psicopatologia pode ser projetada através do perispírito em direção às vivências do ser no corpo físico.

6.4. ressentimentos, mágoas profundas, dificuldade de perdoar, raiva, ódio e inveja são outros tantos fatores enfermiços arquivados na intimidade do corpo mental.

Nos casos citados ao longo do item 6 desta questão, o corpo físico se ressente quase que imediatamente, devido à intensidade das energias adensadas na intimidade do campo mental. Daí resultam sérios prejuízos para a organização perispiritual, que recebe o impacto direto dos arquivos superiores e atua como intermediário para o descenso vibratório de tais energias malsãs, que se materializam na estrutura física. O adoecimento do corpo mental produz no perispírito — corpo imediatamente inferior, localizado na dimensão astral — um intenso magnetismo e uma fuligem que contamina intensamente as linhas de força e os chacras, pelos quais fluem as energias oriundas do corpo mental superior.

4. Pode-se entender que a mônada — às vezes chamada de átomo espiritual *ou* princípio inteligente *— é composta pelos corpos mentais inferior e superior?*

PARA QUE MEUS IRMÃOS compreendam melhor, digamos que o núcleo espiritual denominado *mônada divina* tem em sua constituição um corpo de natureza mental simples, sem elaboração, embora com todos os atributos adormecidos, latentes ou embrionários de um corpo mental que já exercitou seu potencial cognitivo e mnemônico.

5. Como a mônada pode ser mais bem compreendida?

AQUILO QUE MEUS IRMÃOS chamam de mônada ou núcleo espiritual é a resultante da união da mente com o intelecto. O átomo espiritual ou mônada possui uma formação das mais simples possíveis de se imaginar; por isso mesmo explicamos, na questão anterior, a respeito da constituição do corpo mental mais simples, como elemento monádico. O campo biomagnético da mônada representa, para nós que estudamos a ciência espiritual, o protótipo da alma, o embrião do ser, trazendo em sua constituição íntima todas as capacidades embrionárias constituintes dos corpos superiores.

6. Em que consiste o espírito, na opinião do nosso irmão Joseph Gleber?

PARA MIM, como espírito ainda distante da vivência da espiritualidade sublime e muito longe da sabedoria superior, o espírito em si, em sua essência mais profunda, consiste em elementos que denomino *intelecton*[5] — isto é, puro intelecto

[5] Pelo que se pôde pesquisar, é Hernani Guimarães Andrade, ao formular sua teoria corpuscular do espírito, quem introduz os termos *intelecton* e *percepton* em âmbito espírita, quando postula a existência do *psi-átomo*, em analogia com o átomo da matéria comum (ver bibliografia). Ele utiliza os termos mencionados para designar as partículas que compõem o átomo psi, assim como o elétron, o próton e o nêutron compõem o átomo, de acordo com a visão mecanicista de Bohr. Questionado a respeito, Joseph esclarece que *não* atribui aos vocábulos *intelecton* ou *mentalton* sentido equivalente.

— ou, então, *mentalton*, como alusão aos atributos de um corpo mental ainda adormecido, porém, passível de ser liberado em seus conteúdos e potencialidades. Em seu âmago, possui imagens ou projeções divinas, como se fossem instruções, semelhantes àquelas que são impressas no DNA para posterior utilização na caminhada evolutiva e que delineiam o caminho a seguir. Tais imagens — isso é apenas opinião de um estudioso da vida espiritual — constituem projeções reais de caráter hiperfísico e hiperenergético, muito além da capacidade de compreensão de certos estudiosos da ciência terrena. Creio pessoalmente que esses elementos espirituais de natureza não física são a própria criação divina, os quais constituem a esfera monádica, que, mais adiante, materializa-se nos mundos apropriados durante os milênios de evolução precedentes à reencarnação em suas diversas e múltiplas formas.

> *7. O que pensa acerca de certos espíritas que, apesar de se dizerem estudiosos, não aceitam a existência do corpo mental, mas somente a do perispírito e a do corpo vital ou duplo etérico?*

A CAUTELA quanto a certas inovações ditas mediúnicas não deve fechar as portas da revelação e do progresso, características básicas da doutrina espírita. Acreditamos que, ao abordar questões tão transcendentes, qualquer negativa sistemática ou pensamento fechado, sem abertura para os progressos do conhecimento, corre o risco de se caracterizar como uma postura anticientífica. Bom senso não é rejeitar qualquer inovação, tampouco adotar tudo sem exame metódico. Ao investigador da alma cabe, sobretudo, buscar a medida do equilíbrio, o que se obtém com estudo e pesquisa sem prevenções, conservando a mentalidade aberta para apreender o desconhecido — exatamente do modo como fazia nosso irmão Allan Kardec.

> *8. Ao se abordar a existência de corpos energéticos superiores, como o corpo mental, chega-se à conclusão de que é muito além dos sentidos físicos que está a verdadeira realização da vida do espírito e dos projetos mais arrojados de espiritualidade. Sob esse aspecto, é correto dizer que o desenvolvimento do corpo mental representa o próximo estágio da evolução humana?*

É PRECISO muito tempo para se tornar jovem, arrojado, a tal ponto de identificar os momentos de elevação espiritual que o ser encontra em sua caminhada evolutiva. É necessário desfazer-se da ideia ilusória de que somente através dos sentidos físicos o ser humano alcançará a realização plena e o objetivo último de sua vida. O aperfeiçoamento da vida humana e o engrandecimento do ser na busca pela ascese espiritual consistem na elaboração de recursos mentais e na formação de uma vida mental mais ativa, de qualidade superior. Esse estado mental superior — que é desenvolvido ao longo das existências físicas de meus irmãos, por meio da superação dos embates próprios às vidas sucessivas — produzirá a desintegração das crenças e dos juízos retrógrados e cristalizados, que cederão lugar a estágios mentais mais arrojados e adiantados. As velhas convicções, caducas e arraigadas, devem, aos poucos, ser substituídas por um panorama íntimo de compreensão mais ampla da realidade, calcado em uma mentalidade mais sadia e abrangente, de conformidade com as necessidades de nova etapa evolutiva do ser humano.

> *9. Para desenvolver o corpo mental e as faculdades mentais superiores, é necessária entrega total e constante ao trabalho de edificação interior?*

MUITA GENTE envolvida com a ideia de espiritualização compulsória ou de santificação pessoal se esquece do repouso necessário e de estabelecer sintonia com a natureza íntima da criação, entregando-se aos excessos de trabalho, que denominam dedicação e espiritualização. Encontramos até mesmo irmãos nossos, em ambas as dimensões da vida, que, devido a um hábito mental criado e mantido em nome de uma pretensa espiritualidade, se tornam incapazes de se refazer e descansar, causando imenso prejuízo aos intricados e sutis processos que transcorrem na intimidade do corpo mental. Muitos têm o pensamento obcecado em trabalho, negócios, vida social ou envolvimento com questões religiosas. Dessa maneira, tornam-se iludidos com uma ação contínua e aparentemente produtiva, incapacitando-se para o direcionamento do campo mental em um foco diferente. Esse tipo de comportamento mental jamais servirá para o desenvolvimento dos corpos superiores, pois as pessoas que assim agem assemelham-se a uma máquina ou um computador programado para ter seu potencial focado apenas em uma direção.

O trabalho deve ser de qualidade, de amor, e não de uma constância tal que se transforme em hipnose dos sentidos e das faculdades sublimes da alma. Muitas vezes, vemos tais pessoas caírem alquebradas, em nome de uma espiritualização ilusória, com seus corpos extenuados e vítimas de sérias anomalias, pois não foram capazes de exercitar suas mentes no ócio criativo, enobrecedor, que refaz as energias empregadas e gastas desde a fonte sublime da mente superior.

PERISPÍRITO, PSICOSSOMA, CORPO ASTRAL, ESPIRITUAL OU EMOCIONAL | CORPOS ESPIRITUAIS DE ENCARNADOS E DE DESENCARNADOS: ESTUDO COMPARATIVO | PSICOSSOMA E CORPO MENTAL | PREPONDERÂNCIA DE UM CORPO SOBRE OUTRO NA AÇÃO DO ESPÍRITO

OS CORPOS ESPIRITUAIS E SUAS VARIAÇÕES

10. *É possível fazer uma comparação entre o perispírito do encarnado e o do desencarnado, que vive no estado de erraticidade? Ou não haveria diferença entre a natureza de ambos?*

PODEMOS DIZER que o perispírito do ser que, mesmo temporariamente, tenha descartado os veículos densos, como o corpo físico e o duplo etérico, guarda algumas propriedades que o distinguem do psicossoma de meus irmãos encarnados.

Primeiramente, podemos assinalar o fator dimensional em que se localiza o psicossoma, ou, melhor dizendo, ao qual está associado e em que está vibrando, em razão de seu estágio de aprimoramento. No caso de meus irmãos encarnados, o perispírito vibra inserido num contexto tridimensional próprio da experiência física, podendo ter uma vida de relacionamento direto com a dimensão imediatamente superior, mas inserido e ligado à dimensão física. Por outro lado, nós, os chamados desencarnados, vibramos e existimos num contexto quadridimensional. No estágio tridimensional, o cordão de prata e o corpo etérico estão ajoujados ao corpo físico, que se torna obediente aos comandos mentais superiores.

Em segundo lugar, é preciso considerar que a vida no corpo físico é uma caricatura ou imitação da vida na erraticidade, principalmente quando analisamos a capacidade do psicossoma do desencarnado de locomover-se e relacionar-se mais intensamente e de forma plena com outros seres de sua dimensão — o que não ocorre com os meus irmãos encarnados. Esse aspecto é mais evidente quando se tomam as psicopatologias causadoras de distúrbios nos corpos espirituais de meus irmãos ainda prisioneiros do escafandro físico: é aí que se mostra, de modo irrefutável, o nível de liberdade sensivelmente maior de que goza o habitante do mundo extracorpóreo.

Nesse arremedo da vida extrafísica, como é considerado o período de encarnação, o perispírito encontra-se prisioneiro, submisso quase totalmente às contingências das relações próprias da vida na carne, turvando-se-lhe o potencial e as forças, as percepções e os poderes, que se encontram, nesse estágio, como que adormecidos. Com relação às sensações próprias do corpo espiritual, são imensamente diminuídas ou restringidas, devido à necessidade de canalizar as percepções para a condução do veículo denso, imensamente pesado, que é o corpo físico de meus irmãos.

O perispírito do encarnado sofre essa limitação em virtude da consciência do eu superior ou espírito, que também se restringe no período reencarnatório. A título de comparação, observa-se uma diminuição das faculdades psicossomáticas proporcional a um milhão para um — ou um milionésimo, talvez — quando tem sua esfera de ação restrita à terceira dimensão. O contrário também é verdadeiro: quando o perispírito se liberta da experiência física e adentra as vibrações da quarta dimensão, ocorre a reabilitação de suas paracapacidades, que se elevam na razão de um para um milhão. Isso sem falar na leveza, no que tange ao peso e aos efeitos da gravidade sobre as células perispirituais, que se reduzem significativamente, tornando o corpo astral diáfano e excessivamente leve. Essa realidade nos leva a constatar que o perispírito do encarnado em estado normal está sempre mais denso, pesado, limitado e tolhido em relação ao perispírito do desencarnado — mesmo se considerarmos que, no psicossoma desdobrado, ainda ligado ao corpo físico, há uma influência diminuída do duplo sobre o corpo, o que provoca certa sutilização.

Do ponto de vista do desencarnado, o perispírito dos meus irmãos encarnados apresenta-se mais inchado e com bastante volume, principalmente nas regiões dos chacras esplênico e do plexo solar, devido ao peso do duplo etérico, que, de certa maneira, deforma a aparência do psicossoma dos meus irmãos, mesmo quando estão projetados fora dos limites do mundo físico. Essa é uma das características que tornam facilmente identificáveis os encarnados em desdobramento do lado de cá.

Além disso, a densidade média do duplo etérico nos encarnados e a atividade constante de energias biofísicas, químicas e do cordão de prata agindo em torno dos corpos físico e etérico fazem com que o psicossoma de meus irmãos se apresente pesado e tacanho, ainda que desdobrados, necessitando muitíssimas vezes do concurso espiritual para se liberarem de tais energias, a fim de alcançarem maior desenvoltura nas experiências fora do corpo.

11. Mesmo ao estudar o perispírito, jamais se imaginam tantas diferenças entre as situações desse corpo nos encarnados e nos espíritos libertos da experiência física, ainda que temporariamente. Podem-se obter mais alguns esclarecimentos a respeito dessas diferenças?

PODEMOS ASSINALAR que a aparência do perispírito do encarnado, além de ser mais densa, dificultando a livre manifestação de suas propriedades, mostra-se ainda embaçada, quase sempre sem a luminosidade característica dos seres libertos do corpo físico. Isso se deve à dificuldade que a consciência tem de alcançar um estado de maior tranquilidade, agindo de conformidade somente com o ambiente extrafísico. O que é natural, em certa medida, pois, no período da encarnação, o perispírito está quase que totalmente absorvido em coordenar, estimular e conduzir os milhares de fenômenos que acontecem na intimidade das células e dos órgãos do corpo somático. Suas manifestações, portanto, deixam muito a desejar, no que concerne à naturalidade necessária para a exsudação da luz astral e a manutenção dos atributos de sua constituição íntima.

As energias do duplo etérico aderidas ao perispírito, bem como os elementos do próprio corpo físico que o psicossoma carrega impregnado em si são tão destoantes das energias do corpo astral do desencarnado que, em geral, meus irmãos ainda de posse do soma precisam da ação de algum benfeitor a fim de orientá-los nos diversos tipos de ação fora do corpo, em desdobramento. Via de regra, a vida no corpo físico turva as percepções tanto quanto as capacidades do perispírito encarnado, diferenciando-o sensivelmente do perispírito do desencarnado mais evoluído.

Os desencarnados têm maior facilidade de produzir o fenômeno de transfiguração, através do qual modificam sua aparência corpórea, além de promover certos efeitos de criação do pensamento com maior desenvoltura, pois que estão livres do duplo etérico e de certos resquícios da matéria orgânica que aderem intimamente às partículas e às entranhas de um perispírito encarnado.

A essas diferenças básicas entre a natureza perispiritual do desencarnado e a do encarnado, soma-se grande vantagem para o espírito liberto do atavismo celular, mesmo em se tratando de perseguidores e obsessores do plano extrafísico. Nesse caso, especificamente, o encarnado em desdobramento invariavelmente precisa do auxílio de seus mentores, pois que não dispõe plenamente dos poderes inerentes ao corpo espiritual, em virtude das amarras produzidas pela experiência reencarnatória, necessárias ao estágio de evolução que lhe é próprio. A desproporção de forças é enorme, por encontrar-se, o desencarnado, livre das peias do corpo físico, as quais aprisionam o perispírito, como já vimos. O magnetismo do ambiente e da vida física coloca o encarnado em desvantagem perispiritual. É que seu corpo psicossomático, impregnado dos elementos etéricos e materiais, constitui-se num depósito vivo das forças desejadas e procuradas por espíritos maus, que podem servir-se dessa miscelânea de elementos e energias para levarem a efeito seus planos hediondos. Além do mais, o perispírito encarnado, muitíssimo condensado em relação ao desencarnado sadio, transforma-se em alvo fácil dos ataques energéticos de obsessores e grupos vândalos do mundo oculto. Por isso, os trabalhos assistenciais fora do corpo requerem acompanhamento ininterrupto por parte dos espíritos guardiões e administradores das experiências extracorpóreas.

> *12. Após abordar as disparidades entre perispíritos de encarnados e desencarnados, poderia informar sobre as diferenças entre o psicossoma e o corpo mental, estabelecendo um paralelo entre ambos?*

PERFEITAMENTE! No entanto, meus irmãos hão de compreender nossas dificuldades, no que concerne às limitações do vocabulário humano quando se pretende falar de questões tão transcendentais, especialmente aquelas que escapam ao mundo das formas e dizem respeito ao campo mental.

Entre as disparidades encontradas entre os corpos perispiritual e mental, inicialmente, pode-se observar a natureza de sua manifestação no mundo fenomênico, ou seja: o corpo psicossomático ou perispírito apresenta-se longitudinalmente, conforme a aparência do corpo físico, do qual é o modelador e diretor. A sede do componente perispiritual, quando encarnado, fica restrita ao encéfalo e, a partir desse ponto, irradia-se para as demais partes do corpo somático. No entanto, o corpo mental não se subordina às leis da gravidade, como o perispírito, nem mesmo é influenciado pelo componente longilíneo dos corpos inferiores. Em vez disso, possui uma estrutura informe, aparentemente ovalada, bastante diferente da aparência morfológica do corpo carnal.

Quando encarnado, o corpo perispiritual, ao desprender-se temporariamente do físico, recebe deste as sensações que lhe são próprias, as quais repercutem sobre todo o psicossoma, sendo comuns as percepções de formigamento, excitações parafísicas, sensações de balanceamento acompanhadas, geralmente, de certo torpor, que ocorre em várias partes do corpo, correspondendo ao desprendimento do psicossoma. Por outro lado, o corpo mental, ao ser externado por ocasião do desdobramento, quando o espírito ainda se encontra encarnado, somente é perceptível no âmbito e nos limites da caixa craniana; sua expansão, entretanto, é mais completa que a do perispírito e pode alcançar uma percepção cósmica, mais ampla do que o veículo astral.

O corpo psicossomático, prisioneiro ou não do processo reencarnatório, transita e vibra apenas nos planos extrafísicos próximos à Crosta, nos círculos ainda ligados à aura particular do planeta[6] ao qual o ser está vinculado. Esse fato lhe permite um trânsito mais direto no ambiente humano mais ou menos denso, perceptível pelo tato perispiritual, de extrema mobilidade. Quanto ao corpo mental, em idênticas situações, ao invés de transitar nesses ambientes, ele os transcende. Embora a tudo compreenda numa visão mais dilatada, de natureza mental, ele o faz sem a aparente mobilidade do perispírito, pois que atua em nível consciencial, mais ligado à natureza íntima e ao sentido mais direto de todas as coisas.

A forma humanoide do psicossoma é apreciável por qualquer espírito dotado de capacidades parapsíquicas, o que não ocorre em relação ao corpo mental. Ele manifesta-se numa dimensão superior, sem aparências correspondentes ao corpo; é informe e não possui as necessidades e características parafisiológicas do corpo psicossomático.

Percepções como emotividade, sensações de fome, dor, peso, leveza e outras semelhantes, embora façam parte da na-

[6] Essa referência é clara em *O livro dos espíritos*, a obra fundamental do espiritismo. Allan Kardec pergunta aos espíritos de onde extraem os componentes do perispírito ou *invólucro semimaterial*, ao que respondem: "Do fluido universal de cada globo, razão por que não é idêntico em todos os mundos" (KARDEC. *O livro dos espíritos*. Rio de Janeiro, RJ: FEB, 2002, item 94).

tureza perispiritual, não participam daquelas encontradas no corpo mental, o que torna ambos os veículos bastante distintos em suas percepções mais sutis e aguçadas.

Em processos de obsessão, são notórios os ataques de entidades da esfera extrafísica, tanto a encarnados quanto a desencarnados, contando com a extrema sensibilidade dos corpos perispirituais de suas vítimas, que estão, por assim dizer, na mesma dimensão que os próprios algozes. Entretanto, as investidas que visam atingir o corpo mental dos espíritos de ambos os lados da vida só podem ser realizadas por seres altamente capacitados e experientes. Mesmo assim, incorrem no risco de não corresponderem ao seu intento, pois que o corpo mental vibra em dimensão maior e mais ampla, e, para atingi-lo, é necessário conhecimento mais profundo da psique e das leis do mentalismo, bem como dos demais detalhes que envolvem tais operações, que se realizam na fronteira da quarta dimensão com outras superiores. Naturalmente, é improvável que grande número de obsessores saiba encampar iniciativas que exigem tamanho grau de perícia.[7]

[7] Talvez esteja nas entrelinhas deste trecho um alerta àqueles que lidam regularmente com casos e mais casos de socorro ao corpo mental, supostamente vítima de ataques corriqueiros. Se o campo mental é de compreensão e penetração ainda

Além disso, convém salientar que, nos processos de comunicação, observa-se como característica do corpo perispiritual a facilidade com que se comunica, tanto no nível dos encarnados como no nível dos desencarnados de vida superior, por meio de emoções, palavras articuladas e pensamentos. Enquanto isso, o corpo mental somente dispõe do recurso da telepatia como forma de comunicar-se.

Por último, podemos citar que, numa incursão pelos planos mais sombrios ou terra a terra, o corpo psicossomático fica sujeito às diversas formas de energia densa e às tempestades magnéticas, próprias dessas regiões que constituem, por assim dizer, o plano astral, o ambiente onde se locomove e vibra. O corpo mental, por se manifestar num ambiente totalmente diverso do psicossoma, não está sujeito aos fenô-

difícil para os espíritos da esfera em que nos encontramos — carecemos inclusive de vocabulário adequado para expressar sua realidade —, é evidente que não pode ser um conhecimento trivial, mesmo na dimensão extrafísica. Sendo assim, não há por que processos obsessivos da massa de indivíduos apresentarem tamanha sofisticação em seus métodos, a não ser que haja alguma justificativa à altura. Em outras palavras: não se pode menosprezar a realidade do corpo mental em diagnósticos medianímicos, mas também não se pode exagerar, pretendendo banalizar tais investidas, como se estivessem ao alcance do mais vulgar obsessor.

menos astrais mencionados. Esse fato, por si só, estabelece uma diferença marcante entre os corpos sutis em questão, dos quais se reveste o espírito.

13. Um ser encarnado ou desencarnado pode agir com preponderância de um dos corpos, como o perispírito ou o mental, manifestando as características deste ou daquele veículo mais fortemente em determinado período de sua vida?

NATURALMENTE QUE, no decurso de uma existência física ou mesmo no período entre vidas, o ser poderá se expressar de acordo com os atributos de um ou outro corpo, de conformidade com o meio, as necessidades e o temperamento do eu superior ou espírito imortal. No entanto, as expressões do *modus operandi* de determinado corpo energético não farão da pessoa ou espírito um ser melhor ou pior; apenas dirão a respeito de um posicionamento particular ou característica passageira, que o indivíduo traz como marca de sua orientação naquele momento evolutivo. Tais características poderão se modificar numa mesma existência ou ainda na erraticidade.

Por exemplo, quando o ser se caracteriza pelo padrão emocional ao invés da racionalidade, ele necessita de mais elementos psicológicos ou "muletas" que intermedeiem sua relação com a vida. Em geral, manifesta uma tendência mais religiosa, depende de imagens e simbolismos nem sempre materiais, mas muito recorrentes em suas relações diárias. Ao conduzir-se desse modo, está se colocando sob a ação modeladora do corpo psicossomático, que, nesse momento, sobrepuja a influência do mental em sua vida e em seu psiquismo. Com uma visão mais limitada, particular, poderá se sujeitar a estados deficientes de manifestação das questões íntimas, tais como neuroses e psicoses. Além disso, a avaliação de certas questões do cotidiano, bem como daquelas de ordem mais transcendente, pode ser prejudicada pelo emocionalismo, a falta de bom senso e de maturidade para uma visão mais ampla e abrangente de diversas situações, especialmente aquelas que têm a ver com a vida espiritual.

De maneira oposta ocorre quando percebemos alguém que se manifesta em seu cotidiano com características menos emotivas, dispensando sistemas simbólicos na expressão de sua vida e libertando-se dos atavismos religiosos ancestrais. Mostra-se mais seguro tanto em seus posicionamentos quanto na visão a respeito das situações e sobre si próprio. Nesse caso, podemos inferir que há certa supremacia dos atributos do corpo mental sobre aqueles do perispírito ou corpo emocional. O espírito que assim se comporta em seu momento evolutivo dispensa o emocionalismo e age com maior racionalidade, o que produz uma vida mental mais intensa e uma visão mais abrangente do mundo e das questões transitórias ou transcendentais com as quais convive e das quais é chamado a participar.

Quando o ser humano toma posse definitiva dos atributos do corpo mental, desenvolve uma consciência cósmica e sentimentos elevados, que o distinguem da maioria das pessoas. São atributos do corpo mental os sentimentos de bondade, fraternidade, sensibilidade, comiseração, compaixão, simplicidade, alegria, pacificação, além de outros que proporcionam ao espírito uma vivência mais universalista e a aceitação da verdade num âmbito maior, em comparação com quem traz as restrições marcadas pelo emocionalismo. Posturas como partidarismo religioso ou político, arrogância, pretensões descabidas, moralismo em confronto com ética, egoísmo, dependências emocionais, necessidade de ídolos e fantasias, simbolismos mentais ou materiais, muletas psíquicas, enfim, são ocasionados pela predominância dos atributos do corpo emocional sobre o mental.

Visto isso, meus irmãos podem compreender que, numa mesma existência ou no invisível, o espírito poderá alternar entre essas diversas manifestações ou exprimir-se direta e permanentemente numa delas, como característica transitória ou não de sua personalidade.

14. Há alguma diferença apreciável entre o corpo mental do desencarnado e o da pessoa encarnada? Poderia esclarecer a esse respeito?

EM LINHAS GERAIS, é correto afirmar que, quanto maior a adaptação do espírito ao contexto físico, mais o corpo mental se encontra limitado e restrito em suas manifestações divinas. Tanto a expansão de sua força mental quanto sua própria consciência cósmica se acham delimitadas pelo psicossoma, que, por sua vez, está inserido no contexto reencarnatório — sob o império da matéria física, portanto. Sendo assim, o corpo mental de seres reencarnados está duplamente constrangido. Primeiramente, encontra-se adequado e submetido aos limites do psicossoma e, em segundo lugar, sujeito aos efeitos da encarnação, num corpo que exige atenção e cuidados constantes e especiais para que cumpra a função para a qual está programado.

Essa limitação do potencial mental não é absoluta, é claro, pois que o espírito poderá irradiar-se, elevar-se além da matéria ou mesmo entrosar-se com outros seres, libertos da experiência física. Contudo, esse entrave, necessário ao período reencarnatório, constitui, por si só, uma condição que dificulta simultaneamente a adaptação à dimensão mental e a utilização plena de seus atributos.

O corpo mental do ser na erraticidade não sofre as mesmas limitações daquele que está encarnado; sofre apenas por sua falta de desenvolvimento, nos casos em que isso se verifica, o que causa nesses seres uma espécie de preguiça mental, incapacitando-os momentaneamente para utilizar os poderes ocultos do corpo mental. Como característica principal, mostra-se sua estreita ligação com a forma perispiritual da existência extrafísica.

Como o ser no mundo invisível está livre das amarras do corpo físico, seu corpo mental poderá decolar do perispírito, projetando-se em dimensões superiores com maior facilidade da que está ao alcance do ser ainda encarnado. Exemplo daquilo que acabamos de afirmar meus irmãos encontrarão nos relatos do nosso irmão André Luiz.[8] No caso

[8] Joseph Gleber refere-se ao conjunto da obra de reportagem sobre o panorama extrafísico que o espírito André Luiz escreveu através do médium Francisco Cândido Xavier, com a colaboração de Waldo Vieira em alguns dos títulos, todos publicados pela FEB. Entre os 13 volumes que compõem a coleção intitulada *A vida no mundo espiritual*, destaca-se *Nosso lar (op. cit.)*, o primeiro da série. O enredo inspirou a novela *A viagem*, de Ivani Ribeiro, que teve estreia em 1975 e foi refilmada em 1994, em ambas as ocasiões exibida pela Rede Globo com recordes de audiência. Publicado em 1944, *Nosso lar* é o título de maior vendagem

do ser que já se liberou do corpo somático, o corpo mental está menos preso, mais sujeito à própria vontade e sem os impedimentos naturais que a etapa reencarnatória promove, limitando sua ação.

15. O corpo mental poderá adoecer após a morte do corpo físico ou manifestar a possível enfermidade ainda durante o contexto reencarnatório? Poderá nos dar algum exemplo?

A RELAÇÃO das enfermidades do corpo mental é variada e extensa e, sem dúvida, elas podem ser identificadas ainda quando o espírito estiver encarnado, tanto quanto na ocasião em que estiver liberto do corpo físico. As psicopatologias observadas no corpo mental se fazem sentir ou se expressam através do perispírito, ao qual está intimamente ligado. Embora o corpo mental possa enfermar, tal estado de adoeci-

entre os livros espíritas, desconsiderados os de Allan Kardec, e permanece como a descrição fundamental da vida além-túmulo. No cap. 36: *O sonho*, há o relato do encontro de André Luiz com o espírito que fora sua mãe, situação que claramente mostra o desdobramento do corpo mental, em visita a regiões superiores do mundo espiritual.

mento das matrizes mentais jamais se manifesta no campo mental puro, mas sempre através do psicossoma. Quando o ser passa a viver no plano mental superior, já terão cessado as possibilidades de adoecimento da mente, pois que conquistou uma relativa superioridade em sua marcha evolutiva.

Entre as principais enfermidades observadas como eventos do corpo mental, podemos relacionar:

A. Distúrbios que acometem os recém-desencarnados incapacitados para a vivência da experiência *post-mortem*. Em geral, as pessoas despreparadas consciencialmente, ao chegarem ao mundo astral, veem-se prisioneiras de antigas concepções, crenças e ilusões que as fazem pensar e acreditar que ainda estão ligadas a seus corpos físicos. Esse fato se constitui numa espécie de psicose da qual é vítima o corpo mental, embora se reflita imediatamente no perispírito do desencarnado.

B. Monoideísmos construídos, vividos e mantidos por uma educação rígida, errônea ou equivocada a respeito da vida nos planos extrafísicos. Tais casos são abordados com certa frequência nas reuniões de tratamento desobsessivo levadas a cabo por meus irmãos espíritas.

C. As deficiências de desenvolvimento mental que se manifestam nos corpos físico e perispiritual, sejam adquiridas ou congênitas, são, em sua totalidade, uma enfermidade do corpo mental. Por certo se encontra retraído ou despreparado para viver uma experiência de relações saudáveis e harmoniosas, restringindo suas paracapacidades.

D. Incapacidade de concentração mental ou de envolvimento com o meio, tendo como consequência uma espécie de afastamento e reclusão que afeta profundamente o comportamento do ser. Via de regra, o conflito transfere-se para a etapa reencarnatória, motivando o aparecimento de patologias similares na esfera física.

E. Estados de euforia ou de esquizofrenia extrafísica, quadros tão presentes em espíritos que se encontram em tratamento nas câmaras de retificação do plano astral, em grande parte denotam psicopatologias do corpo mental.

F. Alteração da lucidez extrafísica, com comprometimento da ética, da moral e da percepção do sentido universal da evolução. Ocasiona no espírito um estranhamento diante do projeto divino de ascese espiritual de todos os seres, e ele passa a enquadrar-se como inimigo de todo projeto evolutivo e existencial.

Como veem meus irmãos, o corpo mental adoecido poderá ser causa de diversos e inúmeros distúrbios. São enfermidades que vêm à tona tanto na esfera do perispírito quanto no mundo cerebral, desafiando os especialistas dos dois lados da vida para a equação de tão graves problemas que afetam o ser em sua trajetória. Muitas outras complicações poderiam ser apresentadas a meus irmãos, mas acreditamos que número suficiente foi citado, como exemplo, para se formar uma ideia acerca dos tipos de enfermidade que provoca o funcionamento irregular das matrizes do pensamento.

VIDÊNCIA, CLARIVIDÊNCIA E VIDÊNCIA EXTRAFÍSICA | FORMAS DE MANIFESTAÇÃO DA PERCEPÇÃO VISUAL | LIMITES DA VIDÊNCIA | VISÃO PELO PERISPÍRITO E VISÃO PELO CORPO MENTAL | VISÃO *VS.* IMAGINAÇÃO

MEDIUNIDADE E ASSUNTOS CORRELATOS

16. *Poderia tecer comentários acerca da mediunidade de vidência? Ou seja, sobre as possibilidades de o médium perceber a paisagem, os seres e os objetos do plano extrafísico, estando no corpo ou fora dele?*

A VIDÊNCIA ou visão astral, também conhecida como *paravisão*, por ser de natureza paranormal, pode ser exercitada quando o medianeiro estiver integralmente de posse do corpo físico ou fora dele, em tarefas no mundo astral. Contudo, embora muitos possuam a capacidade de se projetarem na dimensão imediatamente superior à física, não quer dizer que tenham a capacidade da visão extrafísica ou da vidência astral. Em vários casos, poderá se conservar ignorante de muitas questões relativas ao mundo oculto, à semelhança de sonâmbulos que se deixam conduzir por um ambiente estranho a eles, porém sem guardar memória ou sequer as imagens dos fatos vivenciados.

Considerando a variedade dos fenômenos originados na estrutura dos corpos perispiritual e mental, podemos dizer que nenhum está confinado aos limites de um ou outro corpo. Além disso, o espírito imortal irradia-se através e além das estruturas organizacionais superiores, a fim de interferir no mundo ao seu redor, podendo ser que os sentidos se apresentem em qualquer parte dos corpos superiores, e não se atenham a parte deles.

Entre as diversas formas pelas quais se manifesta a vidência — quando esta ocorre verdadeiramente, sem ser apenas imaginação de um suposto médium —, podemos identificá-la em algumas variações, entre elas:

A. *vidência instável* — a mais comum, por ser fugaz, em *flashes*, e escorregadia;

B. *vidência cromática* — na qual o médium ou animista registra apenas cores, tanto do mundo físico como da dimensão astral;

C. *visão panorâmica* — em que a pessoa percebe algo mais do panorama existencial extrafísico;

D. *visão à distância* — que tanto pode ser de lugares, situações ou pessoas do plano físico quanto do âmbito extrafísico;

E. *visão endoscópica ou microscópica* — na qual se percebe em profundidade seres, objetos e energias que vibram em existência diminuta.

Convém observar que existem outras formas de manifestação da visão espiritual, tanto em médiuns encarnados quanto desencarnados, o que de forma alguma esgota as imensas possibilidades do espírito de perceber a realidade extrafísica, ante a grandeza fenomênica da mediunidade.

17. Existem lugares e regiões no plano astral que é vedado ao médium ver?

COM CERTEZA, existem locais que a organização mediúnica não está preparada para enfrentar; por sabedoria dos mentores, as possibilidades de percepção lhe são vedadas, a fim de que não incorra em prejuízo para as tarefas realizadas. Assim como existem esferas de beleza extraordinária, banhadas na luz sideral — as quais não é dado ao homem terreno perceber, por lhe faltarem ainda os recursos sensoriais e éticos —, também existem zonas subcrustais e purgatoriais de extrema densidade e escuridão, que, mesmo para aqueles considerados mais experientes, ainda assim permanecem ocultas.[9]

18. Qual a diferença entre a visão do plano extrafísico realizada com os sentidos do psicossoma e a realizada com o corpo mental?

A VISÃO EXTRAFÍSICA com o corpo psicossomático poderá ser identificada quando meus irmãos percebem formas, seres e objetos, que, em geral, são muito semelhantes àqueles encontrados no ambiente terrestre dos encarnados. O plano astral ou mundo oculto é a matriz, e o mundo físico, a cópia imperfeita de tudo o que existe do lado de cá. Razão pela qual, nos relatos mediúnicos, meus irmãos encontram vestígios e semelhanças com aquilo que estão acostumados a ver ou de

[9] O Novo Testamento faz referência a esses locais de extrema densidade e seus habitantes em vários momentos. Podem-se destacar algumas passagens: 1Pe 3:17-18; 4:6; Jd 1:13; Ap 19:20. Além disso, o livro *Legião: um olhar sobre o reino das sombras* oferece útil panorama a respeito da realidade extrafísica em seu âmbito mais denso (PINHEIRO, Robson. Pelo espírito Ângelo Inácio. Contagem, MG: Casa dos Espíritos, 2006).

que têm notícia na dimensão onde estagiam.

Por outro lado, quando a visão se processa através do corpo mental, dá-se de modo mais abrangente, global, e penetra no âmago das coisas por ocorrer num *continuum* dimensional superior. Se for essa a modalidade de percepção, tanto em estado de vigília física quanto em desdobramento o vidente terá uma visão mais penetrante; porém, via de regra, captará mais conceitos e formas superiores a estes aliadas do que a aparência material, externa das coisas.

Sabemos que a vidência, quando for um fenômeno verdadeiro, pode variar imensamente de uma pessoa para outra, conforme a nitidez, o foco, a distância ou mesmo quanto à associação de ideias advindas dessa experiência.

Contudo, convém observar, como disse nosso irmão Allan Kardec,[10] que a vidência é, entre as faculdades media-

[10] O codificador do espiritismo dedica itens específicos à análise da faculdade da vidência em *O livro dos médiuns ou guia dos médiuns e evocadores* (KARDEC, Allan. Diversas traduções e editoras, II parte, cap. 14, itens 167 a 171). O último destes contém alertas explícitos, tais como: "Quanto aos médiuns videntes, propriamente ditos, ainda são mais raros e há muito que desconfiar dos que se inculcam possuidores dessa faculdade. *É prudente não se lhes dar crédito, senão diante de provas positivas*" (*op. cit.* Rio de Janeiro, RJ: FEB, 71ª ed., 2003. Item 171, p. 247 — grifo nosso).

nímicas, a mais fácil de ser enganada. Espíritos com intenso poder hipnótico podem implantar imagens ou um banco de memórias artificiais no cérebro das pessoas que visam influenciar, sem mencionar a possibilidade do simples disfarce da aparência perispiritual. Além disso, existem os chamados *achismos* e os pseudomédiuns, que imaginam coisas, seres e situações e expressam-se como se fossem estas fossem percepções dignas de crédito. Há que se precaver contra tais armadilhas, pois a verdadeira vidência, principalmente aquela mais proveitosa e profunda, ainda é algo difícil de encontrar.

> *19. Quando um médium diz ver determinada coisa, como se pode ter certeza de que realmente está vendo aquilo que descreve?*

TODA VISÃO da realidade objetiva de qualquer coisa no universo está diretamente relacionada ao nível de percepção subjetiva do indivíduo. Assim sendo, os objetos, as situações e os seres que vibram e vivem nas mais variadas dimensões do universo são constituídos de uma estrutura parapsíquica e, por conseguinte, são percebidos de acordo com a sensibilidade de cada um, conforme o conhecimento e a visão abrangentes ou retrógrados que o ser desenvolve ao longo de sua vida.

Alguém poderá olhar o Sol e enxergar nele apenas um

globo de luz e fogo, ao passo que outra pessoa verá um centro irradiador de hiperenergias, ou mesmo um local de reunião de almas evolvidas. Cada um verá segundo suas possibilidades, e cada pessoa acreditará ou elaborará o que vê de acordo com a própria necessidade de crescimento ou o grau de maturidade consciencial. Se apresentássemos a um habitante do mundo antigo — um romano do primeiro século, por exemplo — algo referente ao século XXI, com certeza ele veria algo bem diferente das imagens mostradas, porque essa realidade não encontraria elementos de ligação com nada que lhe fosse familiar. Ocorre o mesmo fenômeno no caso da mediunidade, e, por isso, os espíritos benfeitores muitas vezes se utilizam de formas e símbolos[11] comuns aos médiuns.

[11] É recomendável a todos que lidam com os fenômenos mediúnicos — a mediunidade, por definição, é uma forma de comunicação — que adquiriram ao menos noções de semiótica, ramo das ciências sociais que se dedica ao "estudo dos fenômenos culturais considerados como sistemas de significação, tenham ou não a natureza de sistemas de comunicação (inclui, assim, práticas sociais, comportamentos etc.)" (DICIONÁRIO *Houaiss da língua portuguesa*. Rio de Janeiro, RJ: Objetiva, 2004). O fato de o espiritismo não usar símbolos de modo ritualístico ou como forma de culto não deve ser pretexto para menosprezar a importância dos símbolos e signos na linguagem, articulada ou não.

É necessário compreender que cada um possui a revelação da verdade adequada à sua verdade pessoal e à capacidade de interpretar essa mesma situação. Em suma, o que se vê e o que se ouve estão subordinados àquilo que se interpreta, pois a interpretação e a imaginação estão ainda acima de certas verdades, mesmo do plano oculto da vida.[12]

Por isso as questões espirituais mais complexas vêm ao conhecimento de meus irmãos de maneira gradativa e por meios distintos, por médiuns diferentes, a fim de parcelar o caudal de informações, tornando-as compreensíveis ao entendimento de meus irmãos. Podemos considerar que, se uma pessoa se equivoca diante de fenômenos corriqueiros da vida física, que dizer então quando se coloca em relação com um mundo mais amplo, populoso e rico do que aquele onde está acostumada a se locomover e viver?

Ainda que possua alguma lucidez do plano extrafísico, o sensitivo poderá se equivocar quanto à interpretação dos

[12] Sobre o tópico "visão *vs.* interpretação", debruça-se ardorosamente a filosofia da ciência. Há uma máxima bastante popular, geralmente atribuída a Nietzsche, que exprime bem o relativismo da pós-modernidade: "Contra o positivismo, que pára no fenômeno — 'há apenas fatos' —, eu diria: não, fatos é precisamente o que não há, [mas] apenas interpretações".

fatos vivenciados ou percebidos, pois o banho de informações, de cultura e costumes que recebe no plano dos encarnados costuma produzir no corpo mental e no cérebro perispiritual uma espécie de hipnose dos sentidos, a qual induz a diversas ilusões.

A tais equívocos na interpretação dos fatos é que deve estar atento o médium que se diz vidente, tanto quanto aqueles que estão gravitando ao redor de suas revelações.

INTERRUPÇÃO DO EXERCÍCIO MEDIÚNICO: IMPLICAÇÕES E CONSEQUÊNCIAS | FATORES INTERNOS E EXTERNOS QUE AFETAM O DESEMPENHO | SUSPENSÃO DEFINITIVA | MEDIUNIDADE EM INSTITUIÇÕES DE CONFINAMENTO

PERDA OU SUSPENSÃO DA MEDIUNI-DADE

20. *Quando o médium deixa de exercer sua mediunidade, isso pode causar algum prejuízo ao seu psiquismo e a sua vida, de modo geral? Podem ocorrer fatores externos ao desejo do médium que o impeçam de trabalhar mediunicamente?*

A PERDA OU SUSPENSÃO da mediunidade já foi tratada pelo nosso irmão Allan Kardec[13] de maneira brilhante; entretanto, temos alguma contribuição baseada em nossas observações pessoais, que aqui deixamos registradas para efeito de estudo complementar por parte de meus irmãos. Essa fase, muitas vezes incômoda para o paranormal ou médium, pode ser

[13] *O livro dos médiuns, op. cit.*, cap. 17, item 220: Perda e suspensão da mediunidade.

definida como uma suspensão mais ou menos duradoura dos fenômenos mediúnicos que têm em determinado sensitivo seu epicentro, que pode ocorrer de modo espontâneo ou não. As experiências no contato com o invisível, quando carecem de uma sequência produtiva, podem ser temporariamente interrompidas, podendo haver causas diversas para isso, como também consequências variadas. Tal ocorrência pode se caracterizar por um ou mais dos seguintes fatores: bloqueio da mediunidade por parte dos benfeitores; cessação espontânea do fenômeno mediúnico, devido a necessidades íntimas, psíquicas e de saúde; fase declinante da mediunidade, quando o exercício mediúnico deixa de ser produtivo, por causas diversas; intermitências no trabalho do médium e em sua capacidade de entrar em transe; e, ainda, a simples suspensão, embora temporária, visando atender a aspectos reeducativos, a um período de estudos, entre outras possibilidades.

O certo é que a alteração produtiva, tanto no que concerne à qualidade quanto à quantidade da comunicação mediúnica, pode ocorrer uma ou mais vezes com qualquer médium, independentemente de acarretar ou não prejuízo à organização mediúnica. Todos estão sujeitos a algum dos fatores citados, pois que se encontram inseridos em um programa evolutivo e educativo, elaborado de conformidade com suas necessidades como espírito imortal. Meus irmãos também devem levar em consideração que o ambiente físico e social, econômico ou financeiro, psíquico ou mental interfere bastante, qualitativa ou quantitativamente, no exercício da mediunidade.

Para avaliar judiciosamente e sem misticismo as consequências da interrupção da tarefa mediúnica, é bom ter bem claro diante de si quais fatores a provocaram.

21. Entre os fatores que dizem respeito ao próprio médium – isto é, no que tange a suas limitações pessoais –, pode-se ter uma ideia de como e por que ocorre o afastamento das atividades mediúnicas?

PODEMOS LISTAR algumas ocorrências cuja gênese está seguramente vinculada a certas dificuldades enfrentadas pelo medianeiro:

A. ausência da percepção mediúnica devido a questões de saúde física;

B. incompatibilidade do médium, dificuldade pessoal com o grupo mediúnico;

C. alienação social do médium, que pode produzir hiato ou diminuição acentuada de sua produtividade;

D. acidentes físicos;

E. uso de medicamentos que dificultem o exercício mediúnico interferindo na química cerebral, por exemplo;

F. indisciplina do médium em relação ao trabalho mediúnico, ocasionando a suspensão por iniciativa dos benfeitores;

G. mau uso das faculdades mediúnicas, sob o ponto de vista da ética cósmica e evangélica;

H. conduta moral dissociada dos objetivos nobres da mediunidade, fato que pode acarretar interrupção patrocinada pelos benfeitores do médium;

I. adoecimento psíquico movido pela cristalização do pensamento, neurose do espírito, psicose e outros problemas do corpo mental, incompatibilizando o médium com a tarefa da mediunidade;

J. rejeição pessoal, ainda que em nível inconsciente, por

medo de assumir compromissos mais intensos com o trabalho mediúnico;

L. consumo de drogas e alimentos tóxicos, que dificultam o uso das faculdades de maneira sadia;

M. hábitos pessoais arraigados e incompatíveis com o trabalho mediúnico.

Há inúmeros fatores envolvendo o médium que podem contribuir para a suspensão da mediunidade; no entanto, destacamos esses como os principais, derivados das próprias condições, ações e reações do médium frente ao compromisso de trabalhar no campo abençoado da mediunidade.

22. Existem outros fatores de natureza externa que podem interferir no exercício da mediunidade?

ALÉM DOS PONTOS assinalados nos itens anteriores, meus irmãos não ignoram que o médium é também um ser social, que detém responsabilidades e desempenha diversos papéis perante a sociedade, igual a qualquer outro ser humano. Portanto, está sujeito a influências do meio, da cultura e de outros seres e situações, que poderão contribuir ou prejudicar o exercício de suas faculdades mediúnicas, tornando-se mais ou menos proveitosas. Entre tais fatores, citamos:

A. incompatibilidade de vibrações entre o ambiente e o psiquismo do médium;

B. presença de pessoa ou pessoas *esterilizantes*, cujo teor energético anula ou dificulta o transe mediúnico, causando o colapso das faculdades do médium;

C. intervenção dos benfeitores, devido a causas desconhecidas pelo próprio médium, mas sempre atendendo a um projeto traçado no mais além;

D. influência obsessiva simples ou complexa, que incompatibiliza o médium com o exercício constante e qualitativo das faculdades mediúnicas;

E. intervenção ou influência familiar, bem como de amigos e inimigos, que provocam a interrupção da tarefa, mas não da faculdade em si;

F. trabalho profissional;

G. doenças na família;

H. priorização do ócio improdutivo, da preguiça e de outros fatores, que se confundem entre internos e externos, mas que, mesmo assim, influenciam na interrupção ou no uso intermitente das faculdades, criando sérios desajustes no psiquismo do médium. Quaisquer que sejam os fatores que interferem no uso sadio das faculdades mediúnicas, uma coisa é certa: sempre é mais difícil o recomeço do que o início nas atividades. Ainda faz parte da natureza humana o *desculpismo* e a permissividade, que, aliados a certas predisposições ou causas pretéritas, poderão adiar, impedir ou causar a suspensão temporária e demorada do exercício mediúnico.

23. Quais efeitos a suspensão da tarefa mediúnica poderá provocar, em se considerando a vida mental do médium?

PODEMOS INDICAR alguns efeitos subjetivos que acometem o médium cuja energia consciencial está ociosa por um tempo mais ou menos dilatado.

O recesso temporário ou permanente influirá principalmente em fatores internos, gerando estados de espírito que vão desde frustração até a completa alienação. Entretanto, quando o período em que o médium permanece sem usufruir da condição de intérprete das consciências sublimes localiza-o no subnível das realizações proveitosas, intimamente passa a se sentir insatisfeito consigo mesmo, com a vida e com o mundo — embora, nesse estado, dificilmente tome uma atitude que o coloque novamente em sintonia com as forças soberanas da vida. Sente-se perdido ou com a sensação de vazio existencial; sabe intimamente que está à margem de acontecimentos importantes, marginalizado por si mesmo, por haver contribuído ou não resistido aos problemas que o levaram a suspender sua tarefa. Na dúvida que o atormenta, o médium com as faculdades ociosas prefere tentar se convencer de que a suspensão de suas faculdades é permanente, a fim de adiar indefinidamente o regresso aos compromissos assumidos.

24. Pode ocorrer a suspensão definitiva da mediunidade na atual encarnação de determinado médium?

QUANDO OCORRE tal fato, mostra-se como a maior prova de que a mediunidade e sua utilização por parte daquele médium foram produzidas exclusivamente por parte dos benfeitores, que, em determinado momento, tiveram de tomar as rédeas da condução mediúnica em suas mãos. Em situações como essa, suspendem o exercício de forma permanente para evitar maior comprometimento por parte do indivíduo, que não soube aproveitar a oportunidade que lhe foi concedida ou cujo quadro insustentável impossibilitou o exercício da tarefa mediúnica.

Apesar de nossas considerações, devemos salientar que, em determinados casos, a tarefa mediúnica poderá ser suspensa, embora eventualmente ocorram fenômenos mediúnicos que darão certo alívio às pressões sofridas pelo médium, que tem algumas vezes excelentes possibilidades fenomênicas, mas o exercício em si não lhe ofereceria proveito imediato, segundo avaliam as inteligências esclarecidas.

25. Quais circunstâncias podem exercer tais pressões internas e tornar insustentável a produção mediúnica permanente e bem orientada, ou mesmo a educação da mediunidade?

VEJA BEM, meu irmão, que o uso da faculdade mediúnica em si poderá permanecer, ocorrendo, nos casos a que me referi [no parágrafo final do item 24], uma fenomenologia que poderia até ser considerada rica, no que tange ao impacto que o contato com o invisível pode provocar.

Apresentarei casos isolados para, de acordo com meu ponto de vista, explicar especificamente os casos em que há improdutividade ou dificuldade de uma ação mediúnica continuada e passível de condução bem orientada a serviço da humanidade. São os indivíduos que se acham subordinados a condição restritiva ou a confinamentos institucionais.

Tais condições poderão ser observadas nos casos de confinamento em instituições como hospitais psiquiátricos, pois que muitas pessoas existem incapazes de cuidar de si mesmas e que assim se fazem devido a sua conduta anterior. Além disso, o refúgio na total reclusão religiosa, em lugares considerados de natureza contemplativa, como mosteiros, conventos e outros semelhantes, nos quais se evita o convívio com a sociedade humana, é um bom exemplo. Devemos citar também os encarcerados, que se caracterizam como ameaça à humanidade, bem como os prisioneiros de campos de concentração e refugiados, que não têm condições humanas de viver, sobrevivendo em meio ao declínio das faculdades mentais e físicas.

As condições impostas por tais instituições provocam restrições muito intensas. Desde as possibilidades limitadas de instrução das pessoas aí internadas, o afastamento das tarefas produtivas e o impedimento de um convívio social sadio, até a insalubridade física e espiritual, devido ao aumento de vícios e outros tipos de degradação moral, são consequências do confinamento em muitas dessas instituições opressoras, promovidas por sua política institucional.

Embora muitos desses irmãos que aí estagiam em caráter temporário — de natureza corretiva, penal ou cármica — não se prestem a uma *tarefa* mediúnica nos moldes conhecidos por meus irmãos, a própria situação constrangedora e restritiva na qual vivem poderá provocar a eclosão de certos fenômenos do mediunismo, capazes de levá-los a repensar suas vidas e fazê-los despertar para uma realidade maior. Em círculos assim, também se vê a fenomenologia associada aos desdobramentos da personalidade ocorrendo com maior intensidade, uma vez que se afigura como fator de fuga, ainda que seja para fora do corpo.

Casos há em que tais fugas conscienciais se constituem em experiências riquíssimas para as pessoas submetidas a vivências de cárcere, porém não podemos afirmar que caracterizem exercício mediúnico, ao menos no sentido de uma tarefa outorgada pelo mais além com vistas a beneficiar a humanidade.

Para analisar casos assim temos de nos destituir do emocionalismo e do religiosismo, a fim de vermos com uma visão mais dilatada as nuanças e implicações de cada quadro.

26. Não poderá haver casos em que certas pessoas, reclusas em instituições de confinamento, experimentem a chance de uma tarefa outorgada pelo Alto, com vistas a auxiliar a humanidade?

COM CERTEZA, em qualquer situação em que estejamos podemos realizar algo de proveitoso e sadio em benefício do próximo. Entretanto, meus irmãos propuseram-me as perguntas anteriores relativamente ao exercício da mediunidade dentro de um contexto em que as pessoas possam se dedicar ao fenômeno de uma forma organizada, canalizando os recursos sadios e permanentes no trabalho do próximo.

Meus irmãos hão de convir que, nas instituições anteriormente citadas, tal organização e canalização das possibilidades psíquicas são impossíveis de ocorrer com constância, devido ao próprio ambiente insalubre, tanto psíquica quanto materialmente. Ademais, a dificuldade em estabelecer um programa regular de treinamento e dedicação converte-se em enorme prejuízo, tendo em vista os rígidos regimentos internos desses locais. Contudo, lembro que a participação isolada e ocasional da pessoa em alguns eventos não foi descartada em minhas observações. Leiam e entendam corretamente as palavras escritas anteriormente.

27. Se efetivamente podem ocorrer fenômenos mediúnicos com pessoas inseridas no contexto das instituições penais, religiosas de caráter contemplativo e em hospitais psiquiátricos, como classificar tais fenômenos, uma vez que não são considerados tarefa *mediúnica, propriamente dita?*

NÃO PODEMOS ESQUECER que, qualquer que seja a intervenção do mundo invisível nas vidas dos irmãos em prova ou expiação nesses lugares, o fenômeno mediúnico ocorrerá como processo de liberação dos traumas psicológicos, fugas conscienciais, ajustamento vibratório ou tratamento proporcionado ao espírito, que, voluntária ou forçadamente, foi conduzido ao confinamento nas instituições mencionadas.

Os fenômenos são patrocinados pelos mentores de tais indivíduos com diversas finalidades. Visam modificar as condições de vida, as reações do indivíduo ao meio e, até mesmo, procuram fazê-lo esquecer as dores morais decorrentes de sua situação; além disso, têm o objetivo de evitar suicídios, homicídios e outras graves reações movidas pelo desespero desses irmãos.

Como se pode ver, a manifestação da mediunidade e o mediunismo puro — que é mais frequente de se observar nesses casos — visam mais a uma tarefa paternalista e ao assistencialismo espiritual, que tem por finalidade evitar o desespero, inclusive fazendo desaparecer da memória de tais pessoas, que experimentam o fenômeno mediúnico naquelas condições, o trauma de conviver com situações subumanas e degradantes, improdutivas ou distantes da realidade do mundo. Os grilhões que acorrentam a pessoa a essas instituições são afrouxados, para que vislumbre um novo dia, uma nova chance e uma proposta de vida diferente daquela que a levou até aquela situação.

MEDIÚNICO OU MEDIANÍMICO? | ESBOÇO DA FENOMENOLOGIA ANÍMICA | O ANIMISMO QUE INTERFERE NA COMUNICAÇÃO | VISÃO *VS.* INTERPRETAÇÃO

PERCEPÇÃO *VERSUS* INTERPRETAÇÃO MEDIÚNICA e ANIMISMO

28. *Poderia comentar a respeito do animismo?*

MEUS IRMÃOS ESPÍRITAS, e os médiuns em particular, vez ou outra se vêm às voltas com o fantasma do animismo. Sem estudá-lo com profundidade, alguns têm até medo de estar sendo mais anímicos do que mediúnicos em suas tarefas com o plano invisível. Geralmente, são dramas que poderiam ser equacionados com o estudo pormenorizado das manifestações do psiquismo, aprofundado com as contribuições do espiritismo, da metapsíquica e de outros ramos do conhecimento, tanto espiritual quanto psicológico. Podemos dizer que o animismo se constitui num conjunto de fenômenos psíquicos ou de natureza física, intracorpóreos ou extracorpóreos, que são produzidos pelo paranormal, sem ação do plano espiritual. Em decorrência de seu próprio psiquismo, o animista é o agente e, ao mesmo tempo, a gênese da fenomenologia produzida por seu intermédio. Dessa maneira, podemos afirmar que todo médium também produz fenômenos anímicos e o animismo de modo algum se constitui em algo indesejável, mas passível de entendimento e condução sábia no que diz respeito à tarefa do ser como médium.

Os fenômenos anímicos foram classificados por Alexander Nikolayevich Aksakof[14] em grupos bem distintos. De um lado, os fenômenos que abordam a telepatia e a transmissão de pensamentos e de ideias à distância, caracterizados como de natureza psíquica ou mental; de outro, aqueles que envolvem o deslocamento de objetos à distância, de efeitos mais físicos, denominados *telecinéticos*. Além desses, o eminente cientista catalogou a rica fenomenologia dos efeitos *telefânicos* — de aparições à distância — e os *teleplásticos*, como a formação de corpos materializados.

Sem que entremos no mérito de tal classificação, podemos com absoluta certeza generalizar que o fenômeno

[14] Aksakof (1832–1903) é conhecido dos espíritas principalmente pela obra *Animismo e espiritismo* (FEB). Realizou experiências espíritas de cunho científico, especialmente com o concurso da médium italiana Eusapia Palladino, e foi grande defensor de estudos criteriosos sobre os fenômenos espíritas.

mediúnico é necessariamente de natureza anímica — por depender de certa forma e em alguma medida do concurso do médium —, assim como também é de natureza espirítica ou mediúnica — por haver a participação do chamado fator *teta*, ou seja, de entidades extracorpóreas. Isto é: todo fenômeno *mediúnico* é, na verdade, *medianímico*.

Tendo isso em vista, convém aos meus irmãos médiuns aprofundar mais suas investigações a respeito do tema para dissipar o medo doentio de estar sendo ou animista ou médium, pois que todos os fenômenos da mediunidade são considerados duplamente anímico-mediúnicos. Estudem mais, pois existe rica literatura a respeito.[15]

[15] Entre outros exemplos, como os clássicos Aksakof e Ernesto Bozzano, vale destacar o livro singular intitulado *Diversidade dos carismas*, de Hermínio Miranda — sem exagero, um dos maiores nomes da literatura espírita de todos os tempos. Condensada em volume único em 2006, *Diversidade dos carismas* tem o mérito de aliar teoria e prática num texto que, também por isso, não cansa o leitor nem fica abstrato em momento algum, pois tem em Hermínio um escritor de primeira, dono de sintaxe e estilo modernos, que nada deve aos melhores autores contemporâneos. Dos muitos assuntos de interesse para o estudioso, a abordagem do animismo feita por ele nos capítulos 3 e 4, selecionando inclusive as passagens de Allan Kardec a respeito, é a melhor leitura curta e abrangente que se pode fazer sobre o assunto.

29. Pelo que se pode ver, o animismo não é de todo prejudicial ao exercício da mediunidade. É correto afirmar que ele seja algo natural na vida de todo médium?

É EVIDENTE que o animismo, em seus variados graus de manifestação, tanto quanto a mediunidade, é uma faculdade inerente ao ser humano; portanto, é fenômeno absolutamente natural. O animismo poderá ocorrer espontaneamente, ou mesmo provocado por competente operador encarnado quando se tratar de pesquisas e outros projetos que possam beneficiar o ser humano. Embora a vulgarização do fenômeno mediúnico, a mediunidade em si, como tarefa outorgada pelos benfeitores e vivida de forma nobre, está presente numa parcela mínima da humanidade terrestre.

Como a fenomenologia mediúnica e a anímica muitas vezes se confundem e, ao mesmo tempo, são possuidoras de uma riqueza imensa de detalhes e manifestações, é muito difícil para muitos de meus irmãos separar ambas as manifestações. Ordinariamente, estão muito próximas em sua imensa variedade de formas e fenômenos.

30. Pode-se dizer que o médium exercita e interpreta os recursos de sua mediunidade de acordo com suas concepções filosóficas e religiosas?

ISSO É VERDADE! Todo médium ou paranormal é alguém que possui uma facilidade de entrar em contato com diversos tipos de energias e seres; porém, de modo geral, costuma dar àquilo que percebe uma interpretação que está de acordo com sua formação cultural e religiosa. Essa é uma realidade comum a todos os humanos, nos mais diversos âmbitos da vida.

No campo da mediunidade, quem tem as faculdades mediúnicas em pleno uso, ao entrar em contato com o plano extrafísico, tende a dar um formato mental aos benfeitores que dele se servem, em regime de parceria ou de passividade, segundo foi educado. Se for um companheiro umbandista, por exemplo, perceberá numa luminosa entidade o aspecto de um pai-velho ou um caboclo, conforme sua cultura religiosa. O médium espírita, em sua maioria, verá um espírito de um médico, um europeu ou alguém já conhecido no meio onde se dá seu trânsito evolutivo. O esoterista, por outro lado, possivelmente perceberá entidades exóticas com roupagens diáfanas ou, então, seres extraterrestres. Na maioria das vezes, tais personalidades apenas refletem os clichês mentais dos médiuns, que inadvertidamente enquadram suas percepções de acordo com seu tipo ideal de figura ou figurino espiritual, seguindo os parâmetros e convenções da educação mental que receberam ou em virtude do hábito social que cultivam. Com frequência, os benfeitores, em sua aparência, fogem completamente do aspecto interpretado pelos médiuns — embora efetivamente estejam presentes.

31. Sendo assim, a forma astral das percepções mediúnicas não corresponde à realidade espiritual, mas é apenas uma interpretação que o médium desenvolve sobre um fato ou uma entidade que ele percebe?

NA MAIORIA das vezes é isso que ocorre. Conforme dissemos antes, a formação e a cultura religiosa influem muito na interpretação dos fatos percebidos pelo médium ou animista.

O espírito que se comunica geralmente escolhe seu aspecto visual, suas vestimentas, sua aparência e seus instrumentos de trabalho; no entanto, quando se torna perceptível aos médiuns, estes distorcem as percepções originais, ainda que inconscientemente. Essa interpretação se dá de acordo com a concepção previamente registrada na memória do médium, em decorrência da cristalização ou da ortodoxia a que sua mente se vê entregue.

Na verdade, esses detalhes são completamente inexpressivos e não figuram como interferências relevantes — desde que a tarefa ocorra. Os benfeitores não se ressentem de tais interferências, tampouco dão valor a elas; o que interessa é realizar o trabalho, e não se mostrar com esta ou aquela aparência. Em suma, importante mesmo é a qualidade do trabalho, não as formas ou os traços aparentes dos espíritos, realçados ou criados pela interpretação de seus médiuns.

É óbvio que, quando falamos a respeito de tais ocorrências, da interpretação dada por determinados médiuns, queremos salientar que nos referimos a fenômenos verdadeiros, de sensitivos cuja faculdade está comprovada pela autenticidade dos fatos espíritas produzidos. Não incluímos em nossas observações os frutos doentios do charlatanismo, das ilusões, da imaginação fértil ou das mistificações lamentáveis.

ANIMISMO E AUTONOMIA | EXCURSÕES PELA PAISAGEM EXTRAFÍSICA | IDEIAS PRECONCEBIDAS E REALIDADE EXTRAFÍSICA | "DOUTRINÁRIO" E "ANTIDOUTRINÁRIO" | MENTORES ESPIRITUAIS: SANTOS OU SERES HUMANOS? | O MÉDIUM E O PARANORMAL: ESTUDO COMPARATIVO

LIMITES DA MEDIUNI-DADE

32. *É possível conhecer plenamente o plano extrafísico e seus habitantes através da mediunidade bem orientada e bem conduzida?*

A MEDIUNIDADE é apenas uma das muitas ferramentas dadas ao ser humano para influir, interferir beneficamente e se relacionar com as dimensões mais próximas de seu cotidiano. Contudo, é muita pretensão dizer que se poderia conhecer plenamente a vastidão do mundo espiritual ou extrafísico somente através da mediunidade.

O exercício da mediunidade poderá colocar o homem em sintonia com os elementos da vida invisível; porém, consideramos que o conhecimento pleno dos domínios da vida situada além das dimensões físicas só se dará quando o homem amadurecer o suficiente para penetrar, por si só, nesse terreno — quer em desdobramento, quer através dos portais da morte. Aí, sim, depois de determinado tempo pesquisando, envolvendo-se pessoalmente nessa jornada, logrará obter uma visão mais ampla da natureza e dos habitantes, da realidade última do mundo extrafísico, enfim.

A mediunidade poderá favorecer o ser humano na obtenção de informações acerca desse universo invisível; entretanto, somente como espírito o homem terá pleno acesso à realidade do mundo astral — embora isso não se dê, por completo, no pequeno intervalo de duas encarnações, mas ao longo de vários períodos na erraticidade, em um tempo bastante dilatado.

> *33. Pode-se deduzir de suas observações que, de modo geral, o conhecimento que os médiuns espíritas detêm da vida astral ou do mundo espiritual não é um conhecimento completo, mesmo considerando todas as comunicações que vieram até hoje para a humanidade. É correto pensar assim?*

NO EXERCÍCIO da mediunidade em todas as épocas, podemos dizer que, embora a rica produção mediúnica canalizada pelos habitantes da Terra, os médiuns tiveram notícia apenas de uma parcela diminuta do plano além da matéria; suas incursões ativeram-se às proximidades, considerando-se a vastidão do universo extrafísico.

Reparem meus irmãos que os espíritas, que se veem como os maiores conhecedores das verdades espirituais, ainda se chocam diante de alguma revelação a respeito da natureza de certas regiões astrais ou da periculosidade de seus habitantes, assim como acerca de engenhosos instrumentos e artefatos que empregam entidades de diversos graus de conhecimento. Mais do que isso, ficam furiosos quando determinadas informações ou descrições do panorama astral não correspondem à sua acanhada concepção da vida universal. Imaginam-se investidos de conhecimentos e verdades absolutos e rejeitam, em sua grande maioria, qualquer visão do mundo extrafísico que vá além de seu limitado entendimento, tachando as mais sérias comunicações de *antidoutrinárias*.

Muitos defensores de um pensamento ortodoxo e cristalizado não conhecem sequer a fonte de sua doutrina! Ignoram os escritos do nosso irmão Allan Kardec, se não na superfície, pelo menos seus textos menos populares e, certamente, a essência profunda da obra. Não captaram o espírito da Codificação, pois rejeitam *a priori* qualquer coisa que não tenha vindo deste ou daquele médium em particular, que aprenderam a venerar. Ao aportar em nossa dimensão da vida

— qual ocorre com muitos de meus irmãos aqui presentes[16] — ficam com as faculdades paralisadas indefinidamente diante do assombro, do inusitado, do alcance de certas verdades e da riqueza incomensurável da vida que prossegue além dos limites da matéria. Esperam encontrar colônias espirituais habitadas por espíritos purificados, mas frustram-se em sua expectativa, por encontrarem verdadeiras metrópoles, povoadas por espíritos ainda na condição humana.

Médiuns fantasiam seus mentores, atribuindo aos espíritos simples que os orientam uma elevação incompatível com o caráter e a realidade de suas vidas anteriores ao desencarne. Julgam que, tão somente porque seus benfeitores foram espíritas, religiosos ou puritanos em sua última exis-

[16] É importante lembrar que as perguntas que compõem esta obra foram, em sua maioria, formuladas por espíritos matriculados em cursos da dimensão extrafísica, notadamente ex-médiuns do movimento espírita, aos quais Joseph se refere neste trecho, quando responde às suas perguntas como um de seus professores. Muitos deles frequentam também a escola de estudos da mediunidade da Sociedade Espírita Everilda Batista, instituição parceira da Casa dos Espíritos Editora, ambas vinculadas à Universidade do Espírito de Minas Gerais, que adota um programa exclusivo de quatro anos de duração sobre o tema, que é parte do estudo total que oferece acerca do espiritismo.

tência, do lado de cá estão fadados a se pronunciar de acordo com a complexidade de um vocabulário incompreensível. Em sua decepção, encontram seres comuns e descobrem que títulos e posições sociais ou religiosas apenas os fizeram maiores devedores, ao invés de seres especiais ou beatificados pelos decretos espiríticos ou federativos de qualquer procedência.

Do lado de cá da vida, enxameiam médiuns fracassados, dirigentes de reuniões mediúnicas prisioneiros de uma prática cuja ortodoxia é impraticável no que se refere às entidades altamente especializadas das regiões ocultas, oradores que se especializaram em mascarar suas qualidades reais e indivíduos fantasiosos de todas as procedências, que mistificaram uma espiritualidade recheada de modismos, mas cristalizada em conceitos arcaicos e deturpados, antiprogressistas e pessimistas, em detrimento da verdadeira compreensão do mundo espiritual.

> *34. Já que é assim que se verifica, por que os mentores da Vida Maior não interferem na visão equivocada dos irmãos encarnados, a ponto de modificar seu olhar sobre a realidade astral e espiritual?*

CONFORME DISSE certo dia o nosso Mestre, Jesus, em uma de suas parábolas: “Têm Moisés e os profetas; ouçam-nos”.

"Se não ouvem a Moisés e aos profetas, tampouco acreditarão, ainda que algum dos mortos volte à vida".[17] Vejam sua própria realidade e verifiquem quanto estiveram em contato com a pujança de uma dimensão tão vasta e rica e, não obstante, guardaram conceitos e opiniões que restringem a verdade universal às verdades pessoais de cada um de meus irmãos.

35. Acaso os mentores não detêm o poder de modificar tal situação?

PARTINDO DO PRINCÍPIO de que quanto mais evoluído um espírito, mais difícil se torna o contato com os planos mais materiais da vida, podemos considerar que os supostos e idolatrados *mentores* de meus irmãos são apenas seres humanos comuns, dotados de uma visão mais dilatada da realidade espiritual. Diferentemente do que querem muitos, os benfeitores em geral não possuem títulos de sabedoria nem de santificação espiritual, adquiridos apenas porque se manifestam através deste ou daquele médium. Embora o palavreado pomposo, floreado e incompreensível que alguns médiuns injetam na boca dos espíritos, eles, os próprios mentores, são

[17] Lc 16:29,31.

seres comuns; embora respeitáveis, possuem inúmeras limitações que meus irmãos estão longe de compreender, devido ao arcabouço milenar das concepções religiosas arquivadas na memória espiritual.

Advindos de uma religião salvacionista, puritana ou mesmo daquela que forjou os últimos 2 mil anos de civilização ocidental, meus irmãos permanecem ainda com a mente arraigada em conceitos católicos, muitos deles com ar medieval, que importaram para a visão espírita. Tentam transformar as entidades respeitáveis em santinhos espirituais, que não erram nem têm limitações. Esquecem-se meus irmãos de que todos os espíritos que ainda se encontram em sintonia com o ambiente vibratório do planeta Terra aqui permanecem não somente por serem elevados ou por terem adquirido uma visão dilatada da realidade espiritual, mas, principalmente, porque precisam estar aqui, em decorrência de seu passado comprometido com o grupo de pessoas que pretendem dirigir. Esquecem-se, sobretudo, dos fundamentos da Doutrina que afirmam professar, a começar por aqueles constantes dos textos mais elementares, como a *Escala espírita*.[18]

[18] Joseph Gleber faz menção ao texto denominado *Escala espírita*, publicado por Allan Kardec primeiramente em 1858 — cerca de um ano após o lançamento da

Nós, os espíritos, temos ainda nossas dificuldades, nossos desafios, nossa tarefa, nossa humanidade; de maneira alguma possuímos ou pretendemos possuir títulos espirituais de nobreza, outorgados por médiuns e dirigentes de formação mental predominantemente católica — embora a cultura espiritual que detêm —, se bem que restrita às verdades descritas nos livros que ainda não foram proibidos pelo *Index Librorum Prohibitorum* atual.

36. O companheiro Joseph Gleber poderia fazer um paralelo entre o médium e suas atividades e, de outro lado, o chamado animista ou paranormal, com suas manifestações?

primeira edição de *O livro dos espíritos* —, logo no início do manual intitulado *Instrução prática sobre as manifestações espíritas*. Esse livro em breve deixaria de ser editado por Kardec, conforme explica na *Revista espírita* de agosto de 1860, pois teria em *O livro dos médiuns*, de 1861, sua forma mais completa e definitiva. Todavia, dada a importância e a extrema utilidade daquele texto, foi incluído no item 100 da segunda edição de *O livro dos espíritos*, datada de março de 1860, que é bastante próxima da que conhecemos na atualidade.

Devido a seu valor histórico, *Instrução prática sobre as manifestações espíritas* já fora editado por O Clarim e, em 2006, ganhou da FEB nova tradução.

EMBORA, com relativa frequência, o chamado animista ou paranormal obtenha os fenômenos através de suas próprias capacidades psíquicas, sem interferência de entidades extrafísicas, é comum observar que muitos trabalham em sintonia com essas mesmas entidades — ou vice-versa. De outro lado, médiuns que obtêm os fenômenos pelo concurso de um ou mais espíritos costumam, ao longo do tempo, desenvolver uma faculdade própria, com recursos próprios, devido à convivência entre as duas dimensões da vida. De modo que a distinção didática que se faz entre animista, paranormal e médium, na prática muitas vezes se torna confusa, e os papéis desempenhados por cada um se alternam, no que tange à produção de fenômenos de natureza psíquica e daqueles de origem mais física.

Para orientar os estudos de meus irmãos, podemos enumerar alguns aspectos observados quanto à natureza das operações de um e de outro.

1. O médium tem, em geral, atuação passiva na prática da mediunidade, já que depende quase inteiramente do espírito comunicante para a condução dos trabalhos. O animista ou paranormal, ao contrário, vê-se forçado a assumir um tipo de comportamento proativo, já que, ao menos em tese, conta com energias oriundas de si

mesmo, com seu psiquismo e sua força neural para a produção dos fenômenos que experimenta.

2. O médium exerce papel de ponte, intermediário, e é considerado instrumento de trabalho na mão dos benfeitores espirituais, enquanto o animista ou paranormal não se vê envolvido com a tarefa de intermediar outras inteligências, podendo, em muitos casos, ir e vir entre as dimensões — caso daqueles que se desdobram ou se projetam na realidade extrafísica por conta própria —, transmitindo ele próprio as informações. Via de regra, não depende de outra inteligência para descrever aquilo que vê ou ouve, caso comum na mediunidade.

3. Mesmo na hipótese de estar desdobrado, o médium não pode se manifestar num paranormal, porque assim o paranormal deixaria de sê-lo, para transformar-se em médium. Porém, o paranormal ou animista, quando desligado do veículo físico, pode se utilizar das faculdades de um médium e dar comunicação através dele, mesmo sem estar desencarnado.[19]

[19] O tópico *comunicação espírita entre vivos* costuma provocar certo estranha-

4. O médium encarnado, quando em comunicação, não pode desempenhar o papel de dirigente, devido a seu estado vibracional e a sua própria atitude mais passiva e reativa. Por outro lado, o animista, uma vez desdobrado, em que pese à visão mais ou menos dilatada da realidade, pode desempenhar tarefas semelhantes às do orientador espiritual, pois que goza de uma liberdade provisória, fora do corpo físico. Pode fazê-lo segundo suas percepções ou, então, sendo porta-voz das instruções que recebe diretamente dos espíritos, sem que, para tanto, haja exigência de permanecer com atenção

mento — natural, caso parta de quem desconhece a filosofia e a ciência espírita; inadmissível, contudo, àquele que se considera adepto do espiritismo. Por motivos desconhecidos, lamentavelmente essa prática perdeu-se no desenvolvimento do exercício mediúnico brasileiro; porém, talvez a maior prova de que Allan Kardec tinha nela algo trivial é o fato de ter inserido comentários a seu respeito já em *O livro dos espíritos* (*op. cit.*, itens 413 a 418, 425 e 455), não só o primeiro e basilar livro da Doutrina, mas, sobretudo, um livro não especializado na fenomenologia, e sim na filosofia espírita.

É útil ressaltar que o Codificador denominava *sonambulismo* o fenômeno que hoje se conhece como *desdobramento*, e chamava de *médium sonambúlico* ou *sonâmbulo* aquele que, neste trabalho, Joseph chama de *animista*.

completa e incondicional às possíveis comunicações. Nas atividades fora do corpo, o paranormal pode agir com maior desenvoltura, inclusive rememorando aptidões e conhecimentos pretéritos, latentes em seu campo mental. Desde que não esteja em passividade, mas em atividade produtiva, pode acessar arquivos de seu passado espiritual na condução, interação e participação mais intensa nas atividades extrafísicas.

Como se pode ver, há grande benefício em reunir as atividades de médium e animista, colocando as faculdades anímicas a serviço dos benevolentes espíritos que orientam a evolução da humanidade. Logra-se transcender a condição mediana e reativa de servidor passivo, atingindo a posição de cooperador do invisível.

Um fenômeno pode ser apenas mediúnico, embora isso seja mais raro de ocorrer. Contudo, quando adquire conotação anímico-mediúnica, o sensitivo eleva-se ao *status* de cooperador, e não agente passivo dos trabalhos no plano extrafísico. A melhor posição é, sem dúvida, aquela em que o indivíduo passa a ser sujeito de sua própria ação, parceiro do mentor ou dos mentores e das atividades em desenvolvimento, deixando de lado a atitude meramente receptiva e atuando em sintonia com a vontade do Pai.

CORES DA AURA: MITO OU REALIDADE? | PROCESSO DE RECEPÇÃO DAS ONDAS MENTAIS | VOCABULÁRIO, IDIOMA E TREJEITOS: DIVERGÊNCIAS NA MANIFESTAÇÃO DAS CARACTERÍSTICAS DO ESPÍRITO | A QUESTÃO DA LINGUAGEM | ASPECTOS ORGÂNICOS E FISIOLÓGICOS DA MEDIUNIDADE | O CÉREBRO NA MEDIUNIDADE INCONSCIENTE | FRIO, SEDE E SENSIBILIDADE DURANTE O TRANSE | A GLÂNDULA PINEAL OU EPÍFISE

MEDIUNISMO

37. *As cores observadas, em diversos matizes, nos espíritos que se manifestam aos médiuns têm algum significado para os desencarnados? Refletem algum grau de evolução?*

A COR REFLETE tão somente o movimento vibratório da luz. É natural que, quando as entidades espirituais evoluem, passem a vibrar num nível superior, ampliando seu raio de ação e, consequentemente, abrangendo porção maior do espectro eletromagnético. O espectro visível é percebido em forma de cor, com suas diversas tonalidades.

Quando um espírito alcança alguma projeção na escala evolutiva, torna-se capaz de modificar, conforme a sua vontade, as tonalidades de cor de sua aura, principalmente quando visita regiões inferiores àquela que habita. Pode inclusive adensar as irradiações magnéticas oriundas de seu corpo espiritual a ponto de torná-las opacas, sem brilho e, portanto, imperceptíveis àqueles habitantes das regiões inferiores que visita ou em que estagia, no trabalho a que se propõe. Contudo, não poderá aumentar o teor vibratório para níveis mais elevados se não conquistou tal posição pelos seus próprios esforços e merecimentos. Por isso, a possibilidade de modificação dessa escala cromática estará sempre subordinada ao grau de elevação do espírito.

Seres há que, em virtude de sua elevação espiritual de grande magnitude, perdem sua aparência perispiritual, manifestando-se apenas em corpos superiores. Nesse estágio, deixam de emitir as irradiações eletromagnéticas do corpo espiritual ou psicossomático e passam a irradiar do próprio corpo mental superior a fusão das cores que constitui, por si só, a marca de sua presença ou a digital de sua personalidade elevada. É claro que muitas dessas entidades — a maioria, ao atingir esse estágio de evolução — não podem mais se materializar no planeta Terra, nem ao menos aqui vêm, pois que têm tarefas mais amplas nos domínios do cosmos. Torna-se quase impossível para tais espíritos baixar sua vibração em conformidade com o teor vibratório eletromagnético dos habitantes da Terra. Isso também dificulta ou impossibilita que sejam percebidos pelos médiuns terrenos. Normalmente, suas mensagens de teor elevado e de caráter universal são transmitidas em cadeia através de canais de comunicação extrafísicos, que direcionam seus pensamentos, graduando-os de acordo com a capacidade de percepção dos mensageiros encarnados, os médiuns. Caso tais seres pudessem ser percebidos, seriam-no como fachos de luz ou clarões difíceis de ser explicados pelos meus irmãos encarnados.

> *38. Como se dá a recepção das ondas mentais pelos médiuns, advindas dos desencarnados? Há algum órgão ou parte do cérebro especializada nessa recepção das correntes mentais?*

ASSIM COMO OCORRE com certos órgãos no interior dos corpos de meus irmãos, que se especializam na produção de alguns componentes essenciais ao funcionamento do organismo, podemos dizer que as glândulas pineal e pituitária — ou epífise e hipófise, respectivamente — têm a capacidade de receber e graduar as chamadas correntes de pensamento, bem como a própria onda mental que advém tanto da intimidade do espírito como de outras mentes, encarnadas ou desencarnadas. A glândula pineal funciona, portanto, como uma antena receptora, que intermedeia as informações na forma de ondas-pensamento, entre o espírito e o cérebro. Toda ideia ou pensamento originário do espírito é transmitido em formato de vibrações e recebido pela pineal. Através dessa antena psíquica, as imagens e informações, os comandos e raciocínios são comunicados aos neurônios cerebrais, que servem de canais para transmiti-los aos diversos departamentos do corpo.

Em sentido contrário, tudo o que atinge os nervos ópticos, auditivos, olfativos, gustativos, os sensores táteis e as demais percepções e sentidos do encarnado faz uso da rede de neurônios como caminho para, então, chegar à glândula pineal. A partir daí, as sensações e percepções são transmitidas por meio de correntes de pensamento ao espírito.

Assim como a glândula pineal recebe as ondas-pensamento do próprio espírito, atua também como intermediária das ondas mentais de outros seres, quer estejam interiorizados no corpo físico, quer sejam apenas consciências extrafísicas em contato direto ou indireto com meus irmãos médiuns.

Contudo, não podemos dizer que as comunicações mediúnicas obedeçam somente a esse trajeto por via da pineal, que podemos denominar mediunismo de natureza magnética. Há outros métodos de transmissão da mensagem hiperfísica além daquele que se baseia na glândula pineal. O fluxo de ideias que parte dos desencarnados em direção aos encarnados pode também ser canalizado diretamente através dos chacras, ligando-se o comunicante por filamentos fluídicos aos centros de força e, destes, passando aos plexos nervosos, que são feixes e entroncamentos de nervos. Dessa maneira, os chacras desempenham, em relação aos plexos nervosos, um papel semelhante à função da glândula pineal em relação ao cérebro, no processo anterior.

Há ainda um terceiro mecanismo. De modo idêntico ao que ocorre em relação aos nervos, que se constituem em intermediários das sensações e vibrações que chegam e impressionam o corpo físico, assim também há como estruturar uma espécie de ligação de natureza fluídica, semimaterial, forjada, mais propriamente, em elementos da matéria astral, muitíssimo semelhantes aos componentes do conhecido cordão de prata. Tais filamentos fluídicos são empregados pelos espíritos para estabelecer conexão com o sistema nervoso dos médiuns, transmitindo suas ondas-pensamento diretamente, sem interferência do cérebro físico. Esse é um dos fatores determinantes da chamada mediunidade inconsciente.

39. Ao analisar determinadas comunicações mediúnicas, nota-se que alguns espíritos, quando utilizam o processo de psicofonia, conservam seu vocabulário típico de quando eram encarnados. Outros, ainda, falam no idioma com o qual estavam acostumados em sua última existência. Esse fato se deve a um esforço do es-

pírito para assim se manifestar ou a uma propriedade do organismo do médium?

NO PROCESSO MEDIÚNICO, como falamos anteriormente, há que considerar pelo menos duas formas mais comuns de comunicação. Uma delas se dá através do vínculo direto com a entidade comunicante, por intermédio de ligação fluídica, na qual o espírito se conecta através de determinado chacra. Nesse método específico, o conteúdo da mensagem passa diretamente dos arquivos da memória do espírito para o aparelho fonador do médium. Eis por que ocorrem comunicações que apresentam sotaque, idioma e trejeitos da entidade. Pelo fato de não se utilizar do cérebro do médium, a consciência extrafísica pode expressar-se automaticamente, segundo a maneira que julga mais conveniente.

Na primeira hipótese entre as que comentamos no item anterior, a mensagem passa pelos canais dos cérebros perispiritual e físico, por intermédio da glândula pineal, sendo traduzida de acordo com os recursos do próprio médium. Evidentemente, esse processo oferecerá menor campo para o espírito externar suas características pessoais, o que não altera o conteúdo da comunicação.

No entanto, ainda há que considerar outro fator, que, lamentavelmente, pode ser observado com relativa frequência.

É que muita gente, até mesmo bem intencionada, esforça-se por dar aparência diferente à comunicação, simplesmente para dizer que há um espírito falando através de si. Diríamos que esse caso configura uma espécie de mistificação, na qual o suposto médium realiza seu teatro particular, forçando-se a demonstrar algo que não possui de fato. Deseja se exibir e *parecer* médium, por isso mesmo forja os elementos que emprega para atingir seus objetivos, sejam eles quais forem.

Considerando essa realidade, é bom salientar que a expressão verbal com que o espírito se manifesta pouco tem a ver com a legitimidade da comunicação. É preciso em tudo usar o bom senso e desenvolver espírito crítico, fazendo uma análise dos antecedentes morais do médium e de seu compromisso com os imortais, mas, sobretudo, levando-se em conta o *conteúdo* da comunicação, como recomenda nosso irmão Allan Kardec.[20] Munidos de tais pressupostos é que meus irmãos deveriam examinar as modificações, modulações e características de determinados espíritos que dizem

[20] Em diversas ocasiões ao longo de sua obra, Kardec reitera que deve prevalecer a análise sobre o conteúdo da comunicação de caráter mediúnico. Exemplos podem ser vistos em curiosa discussão sobre as possíveis provas de identidade de um espírito (KARDEC. *O livro dos médiuns, op. cit.*, cap. 24, especialmente itens 256 e 267).

utilizar seus supostos médiuns.

40. De que forma um espírito que nunca teve experiências, quando encarnado, em países de fala portuguesa, por exemplo, pode assim manifestar-se, ainda que com sotaque, mas de modo perfeitamente compreensível para quem se expressa em tal idioma?

O FATO APONTADO por meu irmão pode ocorrer com frequência. Com base nas explicações dadas nas duas respostas anteriores, vemos que é perfeitamente possível que o espírito comunicante transmita seu pensamento através de ondas mentais, cuja captação e tradução se fazem pelo cérebro do médium. Nesse caso, tanto o cérebro perispiritual quanto o físico assemelham-se a biocomputadores, aptos a realizar a retransmissão das ondas mentais e adaptá-las ao vocabulário do médium. Além disso, pode-se considerar que, independentemente de quais meios empregamos no processo de comunicação, nós, os espíritos, transmitimos ideias, imagens e raciocínios, que podem ser traduzidos em palavras. Mas, originalmente, transmitimos imagens mentais, e não exatamente palavras articuladas, o que é propriedade da comunicação entre encarnados.

41. De que maneira se processa a mediunidade inconsciente, considerando-se a estrutura do cérebro do médium? Ocorre no cérebro algum fenômeno, ou alguma parte dele é responsável pela inconsciência mediúnica?

PARTIMOS DO PRINCÍPIO observado pelos meus irmãos ligados às pesquisas no campo científico. A ciência terrena, eminentemente experimental, assevera que no interior do cérebro encontra-se um corpo ovalado, responsável pela conscientização das sensações recebidas pelo córtex. Esse corpo, também conhecido como tálamo, ainda segundo as observações de alguns cientistas tem a função de deixar que certas impressões atinjam a área consciente da criatura. Quando o tálamo se encontra desligado, os impulsos ou conteúdos informativos deixam de atingir as zonas chamadas conscientes. Nesse quadro, a pessoa adormece. Tal fenômeno também pode ser provocado através de variadas técnicas magnéticas e meditativas.

De acordo com nossas observações do lado de cá da vida, que adotam os preceitos da ciência espiritual, o tálamo é, por assim dizer, um fusível comandado e operado diretamente pela entidade pensante ou pelo espírito comunicante. O perispírito é o responsável imediato, mediante o comando do ser imortal, pela manipulação do tálamo. E é o próprio espírito o responsável pelo julgamento da necessidade de trazer ou não os conteúdos mentais e emotivos ao domínio da consciência.

Quando, no processo mediúnico, acontece a inconsciência superficial ou profunda, é que o espírito comunicante faz uso dos conhecimentos que detém e desliga, por assim dizer, o fusível talâmico, impedindo que o conteúdo da comunicação passe pela substância cinzenta e torne-se consciente. Além disso, é comum, conforme a predisposição de certos médiuns, que o espírito utilize diretamente o córtex, fazendo com que sua mensagem seja transmitida através dos nervos aferentes; contudo, mantém desligado o circuito do tálamo, impedindo que o médium se conscientize daquilo que deseja transmitir.

O processo pode parecer complicado para muitos de meus irmãos, mas, para nós, é um fato corriqueiro. De qualquer modo, reiteramos: tudo depende da predisposição de cada organismo mediúnico, o que ratifica aquilo que afirmou nosso irmão Allan Kardec, ao classificar como orgânica a faculdade mediúnica.

42. Há médiuns que, mesmo apresentando inconsciência, permanecem sensíveis a frio, calor, dor e diversos fatores materiais no decorrer da comunicação. No en-

tanto, há aqueles que, além da consciência, perdem igualmente a sensibilidade cutânea, entre outras. São médiuns inconscientes que não sentem dor, frio, sede; nem mesmo sentem a ação de substâncias ou elementos, como o fogo, que não lhes causa nenhum efeito durante os momentos de transe. Essa insensibilidade se deve a algo que ocorre no corpo espiritual ou no organismo físico dos médiuns?

PARA QUE O MÉDIUM seja portador de uma faculdade que o torne insensível durante o transe, da maneira como meu irmão descreve, é preciso que, no período entre vidas, tenha passado por um treinamento, visando atingir determinado objetivo superior. Portanto, primeiramente, o perispírito deve de antemão ser preparado vibratoriamente para o exercício da mediunidade, o que se dá de forma toda especial quando se avalia ser necessário ao médium e aos espíritos comunicantes que ele tenha uma faculdade com as características mencionadas.

Também convém observar, para estudo de meus irmãos, que o delicado aparelho nervoso — para nós, a parte mais materializada do psicossoma ou perispírito, ou menos materializada do corpo físico — tem certas características que facultam ao espírito obter esse tipo de fenômeno de insensibilidade cutânea, em alguns poucos médiuns. A substância química conhecida pelos estudiosos como acetilcolina, encontrada nos espaços microscópicos existentes entre as sinapses e os neurônios, é o elemento através do qual os espíritos manipulam os recursos para obter a insensibilidade cutânea de alguns de meus irmãos médiuns.

Assim como certos barbitúricos conseguem paralisar as sinapses e impedir que as sensações nervosas impressionem o sistema nervoso, afetando inclusive os movimentos da criatura, o espírito comunicante pode, temporariamente, suspender a ação da acetilcolina e interromper as ligações nervosas. Faz isso com tal intensidade que os meus irmãos médiuns se tornam insensíveis até mesmo a ferimentos ou fogo, que não lhes causam qualquer sofrimento. Ocorre uma espécie de anestesia, e, desde que corretamente estimulados por seres extrafísicos, alteram-se ainda seus movimentos e suas reações motoras. No entanto, esse processo só é possível nos momentos em que o médium se encontra em uma faixa de sintonia mais estreita com o mundo espiritual; além disso, como prerrequisito, deve ter sido treinado no exercício da mediunidade antes mesmo da atual existência e, por conseguinte, entregar-se ao controle total da entidade comunicante, de acordo com a natureza das tarefas a serem desempenhadas por ambos.

43. Voltando ao comentário sobre a glândula pineal, os cientistas – mais precisamente os fisiologistas, ainda que tenhamos pouco estudo do assunto – afirmam que essa glândula tem como função frear o desenvolvimento sexual até o indivíduo atingir a puberdade. Dizem ainda que ela é um vestígio de órgão que involuiu, presente nos antigos vertebrados. Do ponto de vista da ciência espiritual, o que pode ser explicado?

PODEMOS DIZER, com absoluta certeza, que a ciência terrena — embora os avanços reconhecidos e, em muitos aspectos, benéficos à humanidade — ainda se vê impotente para determinar e mesmo observar o perfeito funcionamento de muitas partes do cérebro. Quanto à função do corpo pineal, seus atributos energéticos e espirituais permanecem ignorados pela ciência médica, que, sob o ponto de vista da ciência espiritual, ainda rasteja nas expressões acanhadas em que se encontra, ensaiando passos para tomar posse da verdadeira sabedoria.

Embora caminhando a passos largos em direção ao conhecimento espiritual, disfarçado com inúmeros nomes e formas, a ciência terrena precisa de um tempo mais longo para se despojar do orgulho e das pretensões descabidas, fruto da ignorância e da subserviência ao dinheiro, que não só financia, mas motiva e manipula muitas das chamadas conquistas atuais no campo científico.

Observando a realidade energética e espiritual do ser humano, podemos identificar a glândula pineal não só como produtora de hormônios, mas como antena psíquica e transformador potente das radiações e emissões de ondas-pensamento advindas do campo mental e do mundo original, o invisível. Como um transformador vivo, ressurge, após a puberdade, para o verdadeiro sentido com vistas ao qual foi planejada pelas consciências diretoras da evolução planetária: converter os impulsos eletromagnéticos e eletroquímicos transmitidos, observados e registrados pelos nervos, conduzindo-os ao espírito, ou, no sentido oposto, trazer da intimidade do ser eterno as informações, transmutando-as em impulsos eletromagnéticos, de modo a serem captadas pelo sistema nervoso.

PRESCRIÇÃO DE MEDICAMENTOS POR VIA DA MEDIUNIDADE | ALOPATIA *VS.* HOMEOPATIA | TRATAMENTO ESPIRITUAL *VS.* TRATAMENTO MÉDICO | BEBIDA ALCOÓLICA DURANTE O TRANSE MEDIÚNICO | A INGESTÃO DE SUBSTÂNCIAS TÓXICAS POR PARTE DO MÉDIUM | MEDIUNIDADE E VAMPIRISMO

ÉTICA MEDIÚNICA

44. *Como o companheiro Joseph Gleber vê a questão referente aos médiuns que receitam medicamentos alopáticos ou, se podemos dizer dessa forma, a questão relativa à ética mediúnica?*

MEUS IRMÃOS hão de compreender, no futuro, que o médium ou terapeuta espiritual não é médico, e que foge aos objetivos dos espíritos superiores a ideia de substituir a medicina e seus representantes. Não há necessidade de um médium ou espírito, seja incorporado ou pela psicografia, prescrever medicamentos alopáticos, pois o papel dos médiuns não é o de executar procedimentos médicos, nem é objetivo dos espíritos responsáveis tratar *as doenças*. A finalidade de nosso trabalho é o esclarecimento *do doente* e a cura num nível superior, que é o da consciência e das matrizes espirituais.

Deixemos que os médicos da Terra prescrevam os remédios alopáticos. O tratamento espiritual não visa substituir ou concorrer com a medicina, em hipótese alguma; visa complementá-la, atuando num aspecto que ela não alcança.

Sobre esse assunto, também temos de considerar que muitos médiuns e seus mentores desaconselham as pessoas que os procuram a usar a alopatia, alegando que somente os medicamentos homeopáticos são de caráter vibracional e, portanto, os únicos aconselháveis ao tratamento do indivíduo. Pessoalmente, não compartilhamos desse ponto de vista; aliás, somos radicalmente contrários a ele. A medicação alopática, indicada por profissional sério e competente, cumpre o papel que lhe cabe, pois atua num campo diverso da área da homeopatia; por isso mesmo, deve ser administrada quando o médico achar conveniente.

45. Tendo em vista o exposto, como devem os médiuns e atendentes de uma casa espírita tratar os consulentes que procuram um atendimento médico-espiritual?

O TRATAMENTO ESPIRITUAL ou energético visa reequilibrar as funções vitais, energéticas, psíquicas, perispirituais, emocionais e mentais, utilizando-se das técnicas já conhecidas da terapêutica espírita: passes magnéticos, fluidoterapia, reeducação emocional e mental. Conforme já respondemos no livro *Medicina da alma*,[21] estas se constituem em terapias espíritas por excelência. O que não invalida as conhecidas terapias complementares ou "alternativas"; porém, convém observarmos que, mesmo validadas por experiências milenares em torno de algumas práticas naturalistas ou energéticas, tais ferramentas não fazem parte do rol da terapia espírita. Podem ser aplicadas, conforme cada caso o exija, o que será de muito proveito, mas tentar importar tais práticas para o ambiente da casa espírita é descaracterizar a grandeza dos métodos trazidos pelos imortais.

> 46. *Por que certos médiuns em terreiros de culto afro-brasileiro, após ingerir, quando incorporados, grande quantidade de bebida alcoólica, findo o transe mediúnico não apresentam sintomatologia típica da embriaguez?*

NOS TERREIROS que adotam esse tipo de comportamento por parte dos médiuns, é comum observar a ignorância total ou quase total das leis que regulam o equilíbrio energético, tanto no que tange ao delicado momento de intercâmbio me-

[21] *Op. cit.*

diúnico, quanto a respeito da estrutura do duplo etérico e do corpo psicossomático.

Quando há ingestão de álcool e a aproximação de espíritos que estão vinculados a tal prática, em geral ocorre o fenômeno do vampirismo. Nesse caso, a vítima — isto é, o médium — pode ser preservado temporariamente de certos efeitos pela própria entidade que o vampiriza; afinal, ela não tem interesse de perder seu "copo vivo", que a mantém abastecida com certo teor de ectoplasma alterado pelas emanações etílicas. O interesse do espírito que rouba as energias do médium deve-se ao fato de que tais emanações lhe proporcionam sensações semelhantes às que tinha quando encarnado, ao fazer uso de substâncias tóxicas ou alcoólicas.

No entanto, convém observar que, se o médium não sente as consequências imediatas ou os efeitos tóxicos da bebida ingerida, é que seu duplo etérico, já viciado em tais emanações, sofreu um rompimento brusco. Também ocorre que, durante esse tipo de transe, o duplo se afasta da linha de equilíbrio que demarca os limites de sua atuação junto ao corpo físico — afastamento que acontece mais por impositivo de uma ação antinatural e forçada por parte da entidade, que deseja fazer uso dos fluidos do médium. Seja como for, em qualquer situação, mesmo disfarçada com máscara de bondade ou de realização da caridade, o médium sofrerá as consequências desse tipo de intercâmbio, que, em tudo, é extremamente perigoso, maltratando, inclusive, a delicada estrutura da tela etérica, que, de acordo com a persistência do hábito, poderá se danificar de forma definitiva. Ocorrendo o rompimento da tela etérica devido ao uso de substâncias tóxicas que a violentam, dificilmente se poderá reconstituí-la na mesma encarnação.

> *47. Na prática do bem, irmãos superiores poderiam resguardar o médium, anulando o efeito tóxico dessas substâncias, a fim de colaborar no auxílio àqueles que o procuram? Em caso afirmativo, como entender tal procedimento, que proporciona a manutenção do espírito comunicante no devastador estado de dependência psíquica e depauperação do corpo astral? Seria lícito perpetuar-se esse estado de ignorância para que pessoas recebam assistência?*

NENHUM ESPÍRITO esclarecido e minimamente comprometido com a ética do Evangelho ou que conheça um pouco das leis que regulam o universo, no que tange à seriedade das comunicações mediúnicas, ousará se comprometer com práticas tão devastadoras para a organização mediúnica — não importa se maquiadas ou não de trabalho no bem e serviço ao próximo. Toda caridade que se transforma em prejuízo para quem a realiza não é caridade. Na hipótese levantada, o ser encarnado e o espírito estariam sendo coniventes com práticas desnecessárias, destrutivas e antinaturais, que acarretam consequências por demais sérias. Portanto, com absoluta certeza, nesses casos não há colaboração de entidades iluminadas, mesmo que assim procurem se disfarçar os espíritos vampirizadores dos médiuns que se submetem a tão prejudicial exercício.

> *48. Não se poderia considerar que o espírito comunicante estaria imunizado contra os efeitos tóxicos da absorção da contraparte etérica das emanações etílicas? Nesse caso, por que o espírito comunicante se apresentaria estimulado a sorvê-las, já que não lhes usufruiria os efeitos?*

OS ESPÍRITOS IGNORANTES que ainda sentem necessidade e se comprazem em utilizar bebidas alcoólicas, disfarçando-as de instrumento de trabalho e, com sua ação, comprometendo a organização mediúnica, também sofrem os efeitos daninhos dos vícios que compartilham com seus médiuns. Podemos citar, como consequência mais grave, a perda da forma perispiritual ou degeneração perispiritual progressiva, embora lenta, que atinge tais entidades.

Em geral, quando o fenômeno do vampirismo se apresenta com tais proporções, é que há por trás dessa face visível do processo obsessivo — em tudo considerado complexo e grave — a ação de outras entidades perversas, que intentam enganar os médiuns que se lhes submetem.

Podemos afirmar que toda ação que se classifica como vampirismo, em seus mais variados aspectos, é extremamente nefasta, pois se caracteriza pela crueldade[22] com que o vampiro espiritual ataca sua vítima. Espíritos dessa classe conhecem técnicas tão elaboradas que são tidos muitas vezes como benfeitores, por sua habilidade em esconder seus propósitos. Porém, são incapazes de mascarar seus métodos, que, no caso comentado, consiste em usar suas vítimas-médiuns como "copos vivos", através dos quais se abastecem e locupletam-se para atingir suas intenções.

[22] Elaborações mais detalhadas sobre as diferenças entre *parasitismo* e *vampirismo* estão no livro *Legião* (*op. cit.*, cap. 2, p. 94s.), citado em diversas notas desta obra. Em resumo, a maior distinção entre ambos os fenômenos é a *intenção* de promover o processo, que o vampiro possui, diferentemente do espírito parasita. A consciência do que se faz e a perícia que emprega ao sugar energias da vítima confere ao vampirismo maior grau de crueldade e, justamente por isso, também de gravidade.

Os vampiros sabem muito bem como agir no sistema nervoso das pessoas e, geralmente, trabalham em parceria com inteligências especializadas na goécia ou magia negra.

49. Há sentido em se considerar que as bebidas alcoólicas ou suas emanações, que se nos apresentam nefastas, possam ser utilizadas de alguma forma útil, como na limpeza astral de ambientes, por exemplo?

É MUITO COMUM, principalmente em alguns centros ou terreiros de prática afro-brasileira, utilizar-se de elementais, ou mesmo dos elementos em si, como fogo, água e ar, para promover as chamadas limpezas energéticas de ambiente. Mas isso é completamente diferente de empregar a bebida alcoólica e suas emanações fluídicas para anestesiar os sentidos físicos e extrafísicos dos médiuns ou vítimas.

Não há como limpar um ambiente se o instrumento de limpeza está consideravelmente poluído no contato com entidades inferiores. Embora alguns irmãos defendam essa ideia, não há como mascarar as intenções de entidades descompromissadas e ignóbeis, que perpetuam seu domínio mental sobre médiuns e assistentes. No astral superior, existem diversas outras maneiras de se promover a limpeza de ambientes físicos e extrafísicos sem comprometer a organização psicofísica dos médiuns e sem, a pretexto de caridade, compactuar com objetivos escusos e, sem sombra de dúvida, nefastos.

> 50. *Esse tipo de atividade não conta com o auxílio de irmãos maiores, correto? Sendo assim, se realmente houver um mecanismo de eliminação de efeitos tóxicos, espíritos inferiores é que seriam detentores de tal conhecimento? Ou seja, poderiam auxiliar para que médium e espírito não sofressem devastação física e astral? Ou apenas o médium é resguardado e o espírito comunicante poderia dar vazão à sua condição de dependência psíquica, aspirando as emanações dessas substâncias deletérias? E, no caso da prática do mal, tais emanações são aproveitadas em algum "trabalho" maléfico?*

COM CERTEZA, como dissemos anteriormente, os espíritos comprometidos com o eterno bem e com as responsabilidades outorgadas por nosso Mestre jamais compactuam com tais práticas, como o uso de substâncias tóxicas, uma vez que a ciência espiritual está muitíssimo evoluída, dispensando esse tipo de expediente.

Convém observar que os espíritos voltados temporariamente para o mal também detêm recursos, conhecimentos e ciência capazes de anular, durante um intervalo de tempo mais ou menos longo, os efeitos daninhos de muitos elementos tóxicos, enquanto seus médiuns sejam considerados úteis às suas atividades; terminado esse período, removem os campos energéticos que suspendiam os malefícios.

Também pode acontecer que tais médiuns, ao aportarem no invisível, após a morte do corpo, tenham suas energias sugadas e tornem-se prisioneiros das maltas de obsessores que os usaram em suas experiências. Em sua maioria, apresentam-se esqueléticos e desvitalizados, ou transformam-se também em novos vampiros, buscando desesperadamente pessoas que lhes sirvam de elemento de ligação entre o vício, a necessidade adquirida, e a substância da qual se tornaram dependentes. De qualquer modo, sofrem sempre o choque da lei de ação e reação ou da chamada lei de retorno, inexorável em sua ação.

51. A suposta anulação dos efeitos tóxicos nesses trabalhos, no médium tanto quanto no próprio espírito, podem determinar que, futuramente, por imposição da lei de causa e efeito, manifestem algum tipo de doença no equipamento físico, ou mesmo a degradação do corpo perispiritual, já que tais consequências foram sustadas de modo temporário e ilegal?

JÁ RESPONDEMOS a essa pergunta anteriormente. Mas podemos afiançar, com absoluta convicção, que tais irmãos imprevidentes enfrentarão a resultante de seu conluio espiritual doentio em processos lamentáveis, dos quais poderão se ver livres somente no decorrer dos séculos, enfrentando a dor e fortalecendo o desejo de reabilitação. Comprometeram intensamente o repositório de energias vitais — o duplo etérico — e a delicada matriz do perispírito com atitudes, costumes e ações que, em tudo, são considerados prejudiciais. E, para a divina lei, não adianta conferir a tais posturas e a certas práticas mediúnicas o ar de caridade, pois a verdadeira caridade jamais debilita quem a faz. Caridade que provoca sofrimento e prejuízo a quem se dedica a promovê-la não é caridade, é desrespeito à vida, sobretudo à vida de quem julga praticá-la.

DEFINIÇÃO | CONTINUIDADE DO TRATAMENTO APÓS O SOCORRO MEDIÚNICO | MAGIA NEGRA E FEITIÇARIA | O TRATO COM ESPÍRITOS ESPECIALIZADOS | GOÉCIA E ANTIGOÉCIA | RESSONÂNCIA VIBRATÓRIA COM O PASSADO | ARQUEPADIA

OBSESSÕES COMPLEXAS

52. *Como enfrentar as obsessões complexas? Como podem ser caracterizadas as referidas obsessões?*

NA CLASSIFICAÇÃO HABITUAL do processo obsessivo, encontramos uma abordagem estritamente doutrinária ou didática, quando se consultam os escritos do nosso irmão Allan Kardec. Sob essa ótica, verificamos a procedência do método utilizado pelo Codificador ao denominar as diversas fases da obsessão como *obsessão simples*, *fascinação* e *subjugação*, reconhecendo, dadas novas evidências, a existência da *possessão*.

Quando nos referimos às chamadas obsessões complexas, acreditamos que tais ocorrências estejam mais afins com aquilo que se denominou possessão, não na definição usual do termo, em que se tem a posse intensiva do corpo, mas na complexidade do fenômeno observado. Considerando uma abordagem técnica e terapêutica, do ponto de vista da ciência espiritual, as obsessões complexas são aquelas que fogem aos padrões da classificação puramente doutrinária, porque a adição do termo *complexo* refere-se não a estágios da patologia, mas à metodologia empregada para provocá-la. As obsessões complexas consideram uma gama mais ampla de fenômenos, entre os quais aqueles em que se detecta a presença de artefatos e instrumentos da tecnologia astral, como implantes de aparelhos, larvas e outras criações do pensamento desorganizado. Também agrupamos sob essa nomenclatura as chamadas *arquepadias*, as síndromes espirituais e o uso de duplicatas ou clones de corpos astrais de meus irmãos, com as gradações naturais de cada um desses processos.

Na abordagem dos fenômenos obsessivos de alta complexidade, não se deve esquecer de que meus irmãos estarão lidando com seres extrafísicos possuidores de uma estrutura técnica e de bagagem científica, além daqueles que, desde uma época remota, lidam com forças ocultas da natureza, nos chamados procedimentos da magia negra ou goécia.

Entre os quadros mais comuns às obsessões complexas, podemos citar aqueles em que há implantes de aparelhos parasitas. Nesses casos, procede-se à separação do parasita do corpo espiritual ou etérico do hospedeiro — a chamada vítima —, cuidando-se do espírito que se apresenta como autor ou executor do fenômeno.

Nessa linha de ação, convém observar a necessidade de o operador, o terapeuta do espírito ou o chamado doutrinador ter conhecimento ao menos relativo de procedimentos terapêuticos mais atuais, como técnicas de programação neurolinguística, reprogramação mental e emocional, magnetismo, hipnose etc. Além disso, obviamente, que ele seja um estudioso constante tanto desses temas quanto dos conteúdos doutrinários da codificação espírita. Somente assim, diante de elementos valiosos que por certo emergirão dos registros psíquicos de espíritos em abordagem terapêutica, o operador ou terapeuta do espírito se sentirá mais seguro e capaz. Salientamos que não se trata de obsessores vulgares, mas de especialistas, cuja capacidade técnica e conhecimento do assunto desafiam muitos dos grupos mediúnicos que se arvoram a intrometer-se em seus domínios.

Para uma intervenção segura e proveitosa, é preciso contar com um equipamento mediúnico maleável, além de uma equipe familiarizada com o estudo desses fenômenos complexos, que exigem, em seu enfrentamento, o mínimo de conhecimento e dedicação.

53. Após a abordagem do caso de obsessão complexa através do atendimento medianímico, é adequado considerar que está finalizado o atendimento e resolvido o assunto?

ESSA POSTURA é antiquada e passível de revisão urgente por parte de meus irmãos. É muito frequente que os agrupamentos mediúnicos tentem tratar a pessoa apenas com alguns atendimentos espirituais. No entanto, ao abordarmos as obsessões complexas, convém observar que a suposta vítima pode ter sido sugada, encontrando-se numa condição de subnutrição energética. Livrar o indivíduo de laços com os espíritos sombrios, ainda que promovendo a limpeza energética de sua aura, por vezes não é suficiente. Nas camadas mais profundas do organismo psicossomático e do duplo etérico, frequentemente há contaminações fluídicas e resíduos tóxicos que afetam inclusive o sistema de abastecimento energético das linhas de força, especialmente se o conluio tiver sido de longa duração.

Tendo isso em vista, todas as pessoas que foram visadas por processos obsessivos complexos devem ser submetidas a tratamento magnético regular, a fim de recuperar o tônus vital. Além da assistência magnética, um atendimento especializado deverá ocorrer, através de um bom terapeuta com orientação transpessoal, a fim de promover a reeducação das emoções, que podem ter sido profundamente abaladas durante o processo — quando não as próprias matrizes do pensamento.

Que meus irmãos se conscientizem de que o tratamento desobsessivo, seja ele convencional ou com técnicas da apometria, é apenas o primeiro passo, e não o fim do processo em questão. Afinal, como apregoar uma postura ativa no trato com o mundo extrafísico se outorgamos ao consulente a postura passiva, de mero receptor ou beneficiário de um tratamento que não contou com sua participação efetiva? Nunca é demais lembrar que a transformação interior é o objetivo para o qual concorrem todos os esforços espirituais, único método que consolida o restabelecimento da saúde integral.

Para se obter um resultado seguro e garantido, é imprescindível que haja acompanhamento para o reequilíbrio da pessoa. Muitos procedimentos obsessivos complexos se arrastam durante anos ou começam ainda no período entre vidas, no invisível — quando não em encarnações anteriores —, e não é apenas em uma reunião mediúnica que será solucionado o caso.

Em grande número de situações, as supostas vítimas da obsessão com tais características permanecem com as matrizes do corpo mental ou perispiritual marcadas pela ocorrência infeliz, fato que exige tempo e dedicação, através de um acompanhamento às vezes demorado, para que sejam desabilitados os efeitos sobre as matrizes energéticas abaladas pelo impacto vibratório e o aparato técnico das obsessões complexas. Diante de tal gravidade, não se pode descuidar nem dispensar o auxílio médico, terapêutico e profissional, a fim de somar esforços que façam frente às profundas marcas deixadas pelo antigo verdugo.

> *54. Podemos obter alguma informação ou esclarecimento a respeito de um fator bastante presente em casos de obsessão complexa: a chamada* arquepadia, *definida como magia do passado remoto com repercussão na atualidade?*

ENTENDEMOS QUE as chamadas arquepadias devam ser classificadas no rol das manifestações complexas da obsessão por se constituírem em síndromes psicopatológicas originadas no passado remoto das vítimas, através do uso da magia negra ou goécia, com repercussão atual, no campo mental e psicológico.

A sintomatologia típica dos portadores dessa síndrome é a apresentação de quadros mórbidos subjetivos, sem causa médica conhecida e sem lesão física evidente. São levados na conta de neuróticos ou psicóticos. Queixam-se de cefaleias, angústia, sensação de abafamento ou crises de falta de ar, sem motivação aparente e com diagnósticos médicos vagos. Outras pessoas conservam a nítida impressão de estarem amarradas, pois chegam a sentir as cordas estrangulando-as ou apertando firmemente seu pescoço.

Vítimas de arquepadia sofrem no corpo astral situações desencadeadas em encarnações anteriores. Em grande parte, foram submetidas a estranhos rituais, com o soerguimento de fortíssimos campos de força, por parte de exímios conhecedores da técnica magnética, nos templos iniciáticos do passado. Outros assumiram compromissos em cultos herméticos e exóticos, vinculando-se a entidades sombrias a representar os deuses de outrora. Selados seus compromissos com sangue e sacrifícios humanos, fortaleceram os laços de imantação, que ainda não foram desfeitos. Há ainda aqueles que, em encarnações ocorridas nos ambientes onde proliferou a baixa magia ou nas quais vivenciaram processos de mumificação nos templos antigos, conservam ainda em seu corpo astral as faixas que envolveram seus cadáveres e os respectivos amuletos fortemente magnetizados, cujo potencial energético ainda está ligado a seu campo vibratório.

Portanto, as chamadas arquepadias, ou síndromes psicopatológicas cuja origem está relacionada ao uso da magia negra, fogem ao processo convencional de tratamento das obsessões, requerendo conhecimento relativo das questões mentais, das forças da natureza e dos elementos desencadeantes do fenômeno. Mas, acima de tudo, é preciso assegurar-se de uma assistência espiritual superior e *altamente especializada,* sem a qual qualquer método será ineficaz — quando não, perigoso e insensato — na abordagem terapêutica desses fenômenos.

55. *Entre os estudiosos da ciência espiritual, especialmente aqueles que se sintonizam com os estudos e as pesquisas da apometria, dizem ser a magia negra a pior forma de obsessão conhecida. Isso é real? Por quê?*

SEJA REALIZADA no passado espiritual da pessoa visada ou no período entre vidas, na erraticidade, a magia negra — considerada, por todos os motivos, complexa — é, sem dúvida, o processo que envolve a mais arrojada força representativa dos poderes da escuridão.[23]

[23] É importante não confundir *magia negra* ou *goécia* com *feitiçaria.* Apesar de a segunda modalidade oferecer riscos apreciáveis e acarretar consequências possivelmente drásticas para seu alvo, há que considerar que a feitiçaria, invariavelmente ligada a métodos muito materiais, é, na verdade, degradação da verdadeira

O fenômeno em si é considerado complexo devido à extrema especialização dos agentes espirituais envolvidos e do conhecimento que possuem — lamentavelmente, em numerosas ocasiões, não levado a sério por parte dos pretensos seguidores da doutrina espírita. Inadvertidamente, como fruto de uma postura anticientífica e em virtude do medo de incorrer numa visão *antidoutrinária*, meus irmãos ignoram a existência e o poder dos magos negros, entidades temidas, veneradas por seu séquito e condutoras de uma das maiores frentes de poder do submundo astral.

Ao deparar com tais casos, de antemão saibam os meus irmãos que será necessário ministrar tratamento criterioso, etapa por etapa, para desarticular o poder dos obsessores envolvidos. Haverá necessidade de desativar os campos magnéticos, que, sem tal providência, ficariam atuando

magia negra. Diante desse fato, pode-se ter uma ideia das implicações aterradoras da magia negra, que utiliza poderosíssimos mecanismos de manipulação energética, geralmente desconhecidos inclusive do estudioso contemporâneo. O tema é desenvolvido no livro *Aruanda* e, com ainda maior profundidade, em *Legião*, obra em que o autor espiritual descreve em detalhes ambos os processos (PINHEIRO, Robson. Pelo espírito Ângelo Inácio. Contagem, MG: Casa dos Espíritos: 2004 e 2006, respectivamente).

indefinidamente sobre a vítima. Somente então poderão meus irmãos empreender esforços com vistas a induzir os espíritos envolvidos à reorganização e à reeducação mental e emocional, com estabelecimento de novas metas para sua caminhada evolutiva.

Sem visão clara e destituída de religiosismo não será possível o enfrentamento de entidades altamente capacitadas e com formação direcionada em sentido oposto ao dos representantes de nosso Mestre.

56. *Nos processos de obsessão complexa, ao se enfrentarem os chamados magos negros, qual deverá ser a conduta do médium ou da equipe mediúnica? Como abordar esse tipo de espírito?*

A ABORDAGEM de tais espíritos varia segundo o método empregado e o rigor com que produzem esse tipo de obsessão. Em linhas gerais, é preciso estar atento à necessidade de estudo constante, de toda a equipe mediúnica, com embasamento doutrinário e conhecimento científico atualizado.

Naturalmente, meus irmãos não pretendem tratar a obsessão complexa com o assistencialismo paternalista espiritual, tão difundido na atualidade, fruto de uma postura emocional e de uma visão excessivamente religiosa, que remonta a um passado fértil no emocionalismo religioso, em detrimento da vivência da espiritualidade. O enfrentamento desses casos deve ser coerente com o tipo de sintoma apresentado e o entendimento das causas da ocorrência obsessiva — em medicina, o que se chama, respectivamente, de sintomatologia e etiologia, ou seja, estudo dos sintomas e das origens da doença. Não se resolve nenhuma patologia espiritual dessa monta sem o uso da razão, do bom senso, do conhecimento técnico e da assistência superior de qualidade.

Uma equipe mediúnica dividida, com pensamentos retrógrados, conservadores, com evidentes disputas e intrigas, disfarçadas de convivência religiosa, em hipótese alguma deve tentar uma investida contra os especialistas das sombras, pois estará fadada ao fracasso ante o inegável poder mental, o conhecimento das leis do mentalismo e a disciplina adquirida pelos representantes das trevas durante os séculos de lides no campo iniciático. Até que se desenvolva uma postura sadia, qualitativa e com base em conduta ética superior, será preferível à equipe se ocupar dos casos mais simples a se aventurar por caminhos desconhecidos, dos quais ouviram nada mais que leves rumores. Estudem, dediquem-se à obtenção do conhecimento, invistam na qualificação dos médiuns e no amparo oferecido pelo embasamento da doutrina espírita. Aos poucos, os esforços serão recompensados, e a equipe, mais madura, poderá enfrentar quadros mais condizentes com o potencial de seus integrantes.

57. Pode-se obter algum esclarecimento quanto às síndromes de ressonância vibratória com o passado, estudadas no rol das obsessões complexas?

A SÍNDROME de ressonância com o passado é caracterizada por lembranças sugestivas de existências transatas, que fluem de um arquivo de memória diferente do que há no cérebro material. Advindas dos registros do corpo mental, tais ocorrências evidenciam a existência de arquivos perenes, situados em campos multidimensionais da consciência humana; são estruturas vinculadas ao psiquismo mais profundo, que tem representação nos campos mentais superiores.

A ressonância vibratória com o passado manifesta-se através de sentimentos fugazes, de *flashes* ideoplásticos de fatos vivenciados em outra equação de tempo e que, em certas circunstâncias, vêm à tona na existência presente do ser.

Na oportunidade de rememoração, essas reminiscências com frequência emergem espontaneamente, sob a forma de conflitos psicossociais. O indivíduo passa a manifestar mal-estar generalizado, acompanhado por sensações de angústia, desespero e, algumas vezes, remorso sem motivo aparente, alicerçando um grupo de manifestações neuróticas bem caracterizadas do ponto de vista médico-espírita, que denominamos *ressonâncias patológicas*.

A abordagem desse tipo de *pseudo*-obsessão — pois não se deve, necessariamente, à influência de desencarnados —, de natureza complexa, só poderá ser eficaz quando feita por uma equipe consciente e um terapeuta do espírito ou operador estudioso, com embasamento doutrinário e científico, além da natural assistência espiritual de qualidade.

QUANDO UTILIZAR | COMPORTAMENTO DO TERAPEUTA ESPIRITUAL | DESCRIÇÃO DO PASSADO E INFORMAÇÕES ÚTEIS | TIPOS DE PERCEPÇÃO MEDIANÍMICA | CARACTERÍSTICAS ESSENCIAIS DO OPERADOR NA APOMETRIA

REGRESSÃO DE MEMÓRIA COMO TERAPIA DO ESPÍRITO

58. *Quando há necessidade de se retornar o espírito ao passado, por meio de comandos magnéticos orientados pela técnica da apometria, como saber se estamos procedendo corretamente ao lançar o espírito ao encontro de si mesmo e seus antecedentes históricos?*

A REGRESSÃO da memória do desencarnado somente deverá ser realizada sob supervisão de um espírito de natureza superior e com conhecimento do assunto. Também não devemos esquecer que os médiuns ou os envolvidos no processo deverão ter ao menos certo conhecimento a respeito das possibilidades e dos desafios envolvidos no suposto retorno ao passado. Numa reunião mediúnica, quando for absolutamente necessário realizar tal coisa, jamais se deve esquecer a finalidade terapêutica da chamada regressão de memória espiritual, bem como a natural resposta ética da equipe envolvida no atendimento.

Nos casos que envolvem a ação de magos negros, quando o caso exige um recurso como esse, poderá ser de grande importância psicoterápica sua aplicação, a fim de detectar no espírito fatos traumáticos e processos de iniciação nos templos da Antiguidade, ou mesmo para o enfrentamento, em outra equação de tempo, dos poderes adquiridos ou outorgados ao espírito em seu passado remoto. Tais eventos, em particular ou em conjunto, podem ser fatores desencadeadores, no presente, de transtornos de diferentes modalidades, com enfoque especial para a ocorrência do fenômeno obsessivo de natureza complexa. Podemos dizer que, quando autorizadas pelo Alto, as incursões no passado espiritual da entidade obsessora que se mostra como especialista das sombras tem como objetivo principal remover os eventuais sintomas de desequilíbrio psíquico da entidade e de seus perseguidos. Tais sintomas podem se apresentar nos campos mental e perispiritual, com repercussões orgânicas *somatoformes* — isto é, projetadas de alguma maneira nos corpos de suas vítimas —, ligados a complexos afetivos[24] e resultantes da ação perni-

[24] *Complexo afetivo* é um termo cunhado por Carl Gustav Jung, o pai da psico-

ciosa do verdugo espiritual.

59. Quer dizer que as vivências do espírito em encarnações remotas podem influenciar no processo atual de obsessão complexa que ele promove contra seu perseguido ou sua vítima? Por isso a utilidade da regressão de memória espiritual?

RESPONDEREI às perguntas relativas à regressão do espírito valendo-me de conhecimentos e pesquisas acerca do assunto que têm sido realizados e foram divulgados por pesquisadores e instituições sérias. Além disso, nossas palavras refletem uma síntese ou o consenso entre os espíritos da minha dimensão.

Os fatos vividos no pretérito, que têm seus arquivos acessados através dos comandos magnéticos, afloram ao consciente, no presente do espírito, e são trabalhados pelo terapeuta do espírito juntamente com a entidade, através da

logia analítica, que, em certa fase de seus estudos, o define como "imagem de uma determinada situação psíquica de forte carga emocional (...). Esta imagem é dotada de poderosa coerência interior e tem sua totalidade própria (...)" (JUNG, C. *A dinâmica do inconsciente*. In: *Obras completas de Jung*, vol. 8, § 201. Petrópolis, RJ: Vozes, 1984).

regressão, numa experiência séria e marcante, na qual os conteúdos traumáticos vêm à tona com intensa carga emocional.

Os conteúdos que emergiram do passado do espírito e se tornaram conhecidos são elaborados pelo obsessor com o auxílio e a influência dos benfeitores através do operador. A terapêutica objetiva o enfrentamento das causas remotas do processo obsessivo, da magia e da perseguição, com o uso de recursos técnicos, resultando na remissão dos sintomas observados na vítima e na reeducação das matrizes mentais e emocionais de ambos os envolvidos, com um direcionamento de qualidade.

A situação não dá margem à intervenção de natureza doutrinária, mas exige uma abordagem que faça com que o espírito encontre o seu próprio caminho e escolha aquilo que melhor pautará sua caminhada doravante. Jamais poderá ser visto, esse procedimento terapêutico, como *doutrinação,* nem como aplicação de técnicas moralistas, mas como despertamento da consciência do espírito, abrindo-lhe campo à posterior capacitação para tarefas de qualidade espiritual.

60. *Nos casos em que se tornar necessário levar ao passado o espírito em tratamento, através da abordagem da apometria, como o terapeuta do espírito ou o orientador da reunião deverá se portar?*

O RETORNO ao passado do espírito em tratamento ou daquele que está sendo atendido deverá ser visto como ação conscientizadora, de consequências decisivas para seu estado atual; portanto, *reeducativa*.

Dessa forma, as vivências traumáticas ou iniciações de qualquer natureza, ocorridas no passado espiritual, serão tomadas como fatores determinantes das disfunções atuais ou dos processos obsessivos de alta complexidade em que o espírito se vê imerso. Nessa etapa, o terapeuta age como elemento catalisador, que visa auxiliar o espírito no processo de consideração e enfrentamento dos conteúdos que afloram das memórias revistas. Através da regressão, deverá se proceder à conscientização do ser, fazendo-o confrontar ambas as realidades: a remota e a atual.

Pode-se entender a regressão do espírito, tanto ao seu passado de iniciação quanto aos eventos traumáticos vividos por ele, como um processo de autoeducação, pelo qual o desencarnado — temporariamente manifestando-se como obsessor — reformula o modo de vida, as posturas e os objetivos atuais através de uma reprogramação comportamental. Elaborando e processando os conteúdos que emergiram a partir da regressão pelo processo de pulsos magnéticos, enfrenta os conflitos que lhe ocasionavam transtornos, desequilíbrios, desajustes e enfermidades do corpo mental. Eis que o terapeuta do espírito ou o orientador da reunião age como *facilitador*, auxiliando o desencarnado na análise de seu comportamento e de seu sentido ético, conduzindo-o à elaboração de novo programa de vida.

> *61. O passado espiritual da entidade comunicante poderá ser penetrado a partir da descrição dos diversos fatos vivenciados? Até que ponto isso é interessante ao processo terapêutico? Quais os métodos de acesso aos registros da memória espiritual do obsessor e como os médiuns em transe poderão perceber tais ocorrências do passado do espírito?*

DIVERSAS SÃO as formas de avaliação das ocorrências do passado remoto observadas em uma sessão de tratamento espiritual. Contudo, há que extrair dos conteúdos trazidos à memória atual o *significado* das ações vivenciadas no pretérito. Conhecer em detalhes os acontecimentos pode até ser proveitoso para o estudo e o engrandecimento do grupo mediúnico; porém, é sobretudo no entendimento dos fatores morais e éticos que desencadearam tanto os traumas quanto os processos obsessivos realizados pelo espírito comunicante que haverá maior benefício para todos.

Quanto às formas de percepção dessas ocorrências que

tiveram efeito no passado do espírito considerado obsessor, isso dependerá da natureza de cada médium ao sintonizar-se com o comunicante durante o transe. Podemos separar as percepções do passado em duas categorias básicas:

A. *Percepções diretas* — operações que desencadeiam a regressão com manifestação imediata das imagens mentais da entidade, e que produzem reflexos na mente do médium já nos primeiros instantes após suscitado o processo.

B. *Percepções indiretas* — abordagens que dão início à regressão após induções, procedimentos e estímulos de diversas modalidades, principalmente as que, além dos comandos sonoros e vocais, empregam o influxo magnético da corrente mediúnica. Assim, toda a equipe concorre para auxiliar o operador ou terapeuta no direcionamento mental do obsessor à equação de tempo desejada. Nesse caso, a capacidade do médium de observar os eventos do passado está subordinada também ao comando espiritual do dirigente desencarnado da reunião, do benfeitor responsável ou magnetizador que atua em sintonia com o operador encarnado.

Em ambas as categorias, o médium é colocado em sintonia com o conteúdo traumático, mas sob o cuidado intensivo dos dirigentes espirituais da reunião, pois, nesse momento, o espírito comunicante vivencia, com liberação de grande conteúdo emocional, fatos marcantes de seu passado. O médium estará sob o impacto direto das emoções, porém controlado ou guiado pelo mentor dos trabalhos.

Após cada reminiscência que vier à tona, identifica-se no espírito seu momento mais marcante e rico de conteúdos. Após induzi-lo à análise do problema, cabe ao terapeuta auxiliar o comunicante em regressão a estabelecer uma *redecisão*, ou seja, um novo roteiro de vida. Em seguida à redecisão, quando estabelece as bases para a mudança de comportamento e de visão da vida — ao rever a própria vida —, o espírito pode ser conduzido pela equipe espiritual, que estará apta a levar a efeito o programa de metas e o novo modelo reeducativo traçado em conjunto com a entidade.

A simples vivência regressiva não elimina a necessidade de se fazer uma desprogramação das emoções vinculadas aos experimentos e acontecimentos do passado, naturalmente seguida da programação positiva dos conteúdos do corpo mental, fundamental para auxiliar o espírito em seu processo de amadurecimento psíquico e em sua busca pela felicidade.

62. Considerando-se o ponto de vista dos médiuns encarnados que sintonizam com os magos e cientistas das sombras, num procedimento terapêutico, como a visão dos fatos passados de tais espíritos poderá se manifestar no psiquismo do médium? Como é visualizado o passado do espírito em tratamento, na abordagem terapêutica da apometria?

NOS PROGRAMAS de parceria espiritual efetivados em reuniões mediúnicas onde se utilizam técnicas de apometria para o tratamento de traumas dos espíritos comunicantes, podemos observar algumas formas de visualização ou percepção dos médiuns-terapeutas, as quais se agrupam nas seguintes modalidades:

A. *Vivências claras e precisas* — em que o médium obtém uma ou mais imagens bem nítidas e claras, através de percepções que podem ocorrer em estado de lucidez.

B. *Imagens e percepções pictóricas* — definem-se como fatos percebidos pelo médium a partir da experiência rememorativa do espírito, desenrolando-se como imagens de um filme que tem o médium como espectador. Sem integrar o elenco, ele apenas observa, podendo narrar *com* ou *sem* conteúdo emocional as imagens oriundas da mente do espírito.

C. *Percepções sinestésicas* — são aquelas acompanhadas de manifestações sensoriais, tais como dor, calor, frio, peso, compressão, reações alérgicas; todos os sintomas sensoriais mais externos, chegando a apresentar até mesmo características epileptiformes, entre outros. Ou, então, percepções que trazem emoções de ódio, vingança, susto, surpresa, medo ou fobia. Nesse caso, o médium adentra o psiquismo do espírito comunicante em processo de rememoração ou regressão, captando-lhe cada sensação vivenciada e sentindo, com as repercussões em seu próprio corpo emocional ou perispírito, as vivências de forte conteúdo emocional da entidade.

D. *Percepções intuitivas* — nesta espécie, o médium acessa as lembranças que chegam intuitivamente, como imagens fugidias, fugazes, tornando-se paulatinamente mais claras e transparentes. Em geral, nesse caso, os conteúdos emocionais da entidade são identificados pelo médium, porém não plenamente sentidos ou experimentados sensorialmente.

Convém observar que, quando o suposto obsessor vivenciou certos incidentes traumáticos em seu passado espiritual — os quais, segundo suas memórias, estão localizados em vidas anteriores —, frequentemente esses traumas passam a ser captados também, em algum grau, por seus alvos ou vítimas. Desse modo, o conhecimento do passado do espírito obsessor será de imensa valia quando da abordagem do perseguido, encarnado ou desencarnado, que lhe sofre as repercussões vibratórias como uma síndrome obsessiva.

Vale destacar ainda que, em certas ocasiões, o médium pode atribuir as cenas percebidas à sua fantasia. Entretanto, o que importa no transe mediúnico desse tipo é que ele desempenhe sua tarefa com foco na percepção das emoções e dos sentimentos, muito mais que das imagens que lhes sejam associadas. Concentrar-se nisso é importante para que a meta da terapia espiritual seja alcançada, independentemente de este ou aquele médium, ou mesmo outra pessoa presente à reunião, acreditarem ou não nas percepções e emoções captadas.

63. *Quando um espírito altamente inteligente, conhecedor das forças ocultas da natureza, detém-se em situações que remetem a seu passado espiritual, como se pode abordá-lo? O ideal é conduzir o autor da obsessão complexa ao reencontro com o próprio passado, desde que*

num processo comandado por um orientador seguro?

PODEMOS DIZER QUE, nas abordagens medianímicas em que são utilizados os comandos magnéticos para que o espírito retorne ao seu passado — o que não quer dizer viajar no tempo, como nas obras de ficção científica, mas situar-se temporariamente noutra dimensão, num *continuum* espaço-tempo diferente —, o então obsessor transforma-se automaticamente naquele que está sendo tratado. Nesse estado, é conduzido a enfrentar experiências significativas e marcantes, sejam traumáticas ou não, de sua existência passada, com a evidente eclosão de manifestações emocionais intensas.

Ao mergulhar no passado — revivendo os conteúdos traumáticos em que, provavelmente, estabeleceu um padrão negativo de comportamento —, identifica-se o momento em que a visão da vida foi transtornada e direcionada de maneira diferente daquela originalmente concebida pelo próprio espírito. Eis por que, no tocante ao encadeamento histórico, as decisões localizadas num tempo distante vêm desencadeando seu problema atual, que se resume à fuga dos deveres e da ética cósmica, com a consequente associação ao *estado* de obsessor ou perseguidor de suas vítimas.

No retorno ao passado remoto, também pode ser levado a rememorar vivências altruísticas próprias, valores morais e éticos superiores. Assim, o espírito — antes obsessor e agora indivíduo em tratamento — experimentará um sentimento de elevação, atribuído pela memória registrada em seu corpo mental, evidentemente sujeito às influências da visão do médium e dos recursos que o perispírito deste oferece.

Nesse atendimento terapêutico realizado pela equipe mediúnica bem orientada e com embasamento criterioso, o espírito identificará as relações de seu comportamento atual com vivências e fatos de existências pretéritas. Entenderá melhor seu mundo emocional, pois estará sujeito às cores e texturas, à visão e interpretação do sensitivo que lhe serve de instrumento temporário. Esse conjunto de fatores induz à realização de uma reciclagem de experiências e à revisão de suas lutas e fracassos, bem como da metodologia levada a efeito no processo obsessivo que empreende. Por fim, terá um vislumbre integrativo — passado e presente —, que lhe facultará estabelecer novas metas para o seu futuro.

Sob o ponto de vista da terapia espiritual, esse retorno do antigo obsessor às suas experiências pretéritas é visto não somente como vivências com catarse e ab-reação, mas, acima de tudo, como oportunidade abençoada para a reelaboração, compreensão e análise criteriosa dos fatos que marcaram sua trajetória, tanto em outras existências quanto no período entre vidas, no invisível.

VIBRAÇÃO E CORRENTE MEDIÚNICA: CONCEITOS | CORRENTES DE PENSAMENTO E ALVOS MENTAIS DISCORDANTES | A NATUREZA DOS CAMPOS MAGNÉTICOS | CAMPOS DE PROTEÇÃO E DE CONTENÇÃO | MAGOS NEGROS PODEM ROMPER CAMPOS DE CONTENÇÃO?

A HOMOGENEIDADE DO PENSAMENTO E OS CAMPOS DE FORÇA

64. *Ao mencionar o termo* vibração, *no contexto de um tema como a mediunidade, muitos encontram dificuldades em compreender detalhadamente tal conceito. O companheiro poderia dar um exemplo que elucide melhor aquilo que se descreve como* vibração, *no contexto mediúnico?*

O QUE DÁ aos meus irmãos a melhor ideia do que seja vibração é observar o funcionamento do pêndulo de um relógio antigo. A oscilação vista nos movimentos realizados mecanicamente poderá proporcionar uma visão clara a respeito da vibração do pensamento. Num constante ir e vir, o pensamento verte imagens e forças, em frequências diferentes, conforme o momento e a mente que o gerou. As ondas mentais ou oscilações atuam de conformidade com as leis universais, podendo-se distinguir seus momentos de repouso e equilíbrio no vaivém dos movimentos. No campo mediúnico, o pensamento produzido pela mente do sensitivo forma a corrente mental, que pode oscilar, à semelhança do pêndulo do referido relógio.

Se pudermos tomar o corpo mental como um órgão extrafísico que se caracteriza pela emissão de frequências ou vibrações, podemos classificar, a partir de então, tais vibrações em *altas* ou *baixas*, conforme o tipo de pensamento que faça parte da vida mental de meus irmãos. Eis por que o amor e os sentimentos mais nobres são considerados de alta vibração ou frequência, pois que estão associados à produção de pensamentos elevados, que vibram em sintonia fina, como ondas mentais ultracurtas, cujo alcance chega às regiões superiores e às forças sublimes do universo. Segundo o mesmo princípio, tanto o ódio quanto as emoções mais degradantes estão ligados a uma frequência baixa, devido ao teor energético das ondas mentais com as quais sintonizam.

65. *Como se podem entender os termos* corrente mediúnica *ou* corrente magnética, *utilizados com frequência por espíritas de maneira geral? Pode fazer algumas observações que facilitem o entendimento?*

A CORRENTE MEDIÚNICA é formada pela participação consciente dos componentes da reunião, observando-se que cada mente sintonizada com os propósitos superiores cria, em torno de si, campos mentais de natureza eletromagnética favoráveis à atuação dos emissários do Alto. Ao juntar-se a outras mentes no mesmo processo de sintonia ultrafina, teremos uma corrente magnética de qualidade. O produto dessa corrente magnética ou mediúnica é ofertado aos benfeitores para utilização nos atendimentos, na revitalização dos próprios médiuns e na manutenção de campos de proteção individuais e coletivos.

> 66. *Como pode ser conceituado o termo* correntes de pensamento, *às vezes utilizado nos estudos mediúnicos, notadamente naqueles em que se abordam temas ligados à apometria?*

ENTENDEMOS QUE as correntes de pensamento, quando concentradas nos objetivos delineados pela parceria espiritual na reunião mediúnica, podem ser classificadas como *diretas* ou, então, *oscilantes*. Diretas, se a equipe de médiuns estiver em conexão estreita com as finalidades da reunião e entre seus integrantes, uns com os outros; caso contrário, serão chamadas correntes oscilantes, quando um ou mais médiuns agem isoladamente e estabelecem alvos mentais diferentes daqueles programados, que divergem dos alvos mentais necessários para o bom andamento da reunião. Na ocorrência da corrente oscilante de pensamentos, o médium pode colocar em risco todo o atendimento que se pretende realizar, ou mesmo ser envolvido por fatores emocionais que o levem para longe dos objetivos traçados pela equipe espiritual.

67. Poderia esclarecer sobre aquilo que denomina de alvos mentais discordantes*?*

É UM TERMO pouco usado no meio espírita, que carece de mais dados a respeito, a fim de compreender algumas questões, certamente importantes para o crescimento dos agrupamentos mediúnicos.

No contexto de uma reunião mediúnica, o dirigente estabelece uma ação após outra, que devem ser realizadas em conjunto. Desse modo, ele determina, a cada instrução, um alvo mental para toda a equipe. Os alvos mentais discordantes são aqueles estabelecidos pelos próprios sensitivos, à revelia da direção espiritual e do dirigente encarregado de administrar as tarefas da equipe. O médium discordante, em geral, deixa-se influenciar por fatores emocionais e desliga-se mentalmente do trabalho que deveria ser executado em conjunto; interfere nos resultados e na metodologia empregada, causando sério prejuízo ao grupo mediúnico. Normalmente, nessas ocorrências, o alvo discordante é disfarçado por sensações emocionalistas cheias de boa vontade, mas totalmente diferentes da programação superior.

Quando se trabalha com médiuns em desdobramento magnético ou induzido, os alvos mentais discordantes assumem caráter ainda mais grave, pois representam sensível risco para o exercício da mediunidade, além de diminuir substancialmente a qualidade dos resultados. Ao se desviarem dos alvos preestabelecidos, os médiuns fazem a opção de agir sozinhos, por não se ajustarem ao espírito de equipe. Diante dessa escolha, convém observar o perigo em que incorrem. Ignoram que a proteção espiritual é subordinada à equipe, e, portanto, expõem não só a si com sua atitude, mas a todo o agrupamento, constituindo-se, em alguns casos, em verdadeira ameaça ao equilíbrio dos demais, não fosse a intervenção dos benfeitores da Vida Maior.

Frequentemente, tais médiuns são induzidos a pensar que estão vivenciando situações de alto teor emocional, o que os faz sentir-se ilusoriamente bem. Ao retornar para suas casas, após as tarefas que deveriam ter sido realizadas em conjunto, tornam-se alvos fáceis de entidades com o mesmo descompromisso que eles próprios. Essa atitude equivocada pode gerar imensos prejuízos para o médium que decidiu aventurar-se sozinho, deixando a equipe original e particularizando a tarefa, dando a ela um caráter pessoal completamente despropositado.

> 68. *Durante certas reuniões mediúnicas, principalmente as de atendimento espiritual a casos de obsessão, os benfeitores, em conjunto com os médiuns, erguem uma barreira vibratória de natureza magnética para evitar a entrada de entidades indesejáveis. Apesar desse cuidado, espíritos descomprometidos com os trabalhos conseguem penetrar no ambiente? Em caso afirmativo, esses espíritos podem interferir a ponto de prejudicar os trabalhos?*

AS BARREIRAS MAGNÉTICAS ou campos de força que isolam os trabalhos espirituais encontram seu combustível no próprio ambiente das reuniões, nos médiuns e em seu psiquismo, que deve estar sintonizado com os elevados propósitos do mundo oculto. Portanto, a construção de tais campos de força será mais eficiente quanto maiores forem os recursos oferecidos pela corrente mediúnica e pelo comprometimento de cada um com as questões espirituais. Naturalmente, quando um ou mais integrantes estiverem desconectados com os ideais sublimes ou desqualificados psíquica e emocionalmente para a atividade, as barreiras vibratórias e magnéticas serão menos eficazes. Nelas se formarão brechas, através das quais espíritos indesejáveis poderão penetrar, inclusive interferindo no psiquismo desses irmãos que não estão sintonizados com os objetivos superiores da tarefa — e, por conseguinte, de todo o grupo, em alguma medida.

Assim, embora a segurança dos trabalhos esteja sob a coordenação dos benfeitores e guardiões do mundo oculto, a força de manutenção dessa barreira energética depende indissociavelmente da equipe de encarnados, de meus irmãos médiuns. Cada médium contribui com seu potencial mental e emocional para o erguimento, a formação e a manutenção dos campos de energia sutis que isolam o ambiente espiritual dos elementos discordantes.

> 69. *No caso citado no item anterior, a presença de tais entidades pode ser identificada pelos médiuns, ou a equipe necessita de um indicativo dos mentores a respeito da invasão?*

COM CERTEZA, ambas as situações são possíveis, mas nem sempre são educativas. Às vezes, os mentores ou benfeitores e guardiões deixam que ocorra a invasão para pôr à prova o agrupamento mediúnico e revelar, de forma inequívoca, as possíveis fraquezas que desarmonizam o ambiente. Eventos assim, quando ocorrem, poderão sim prejudicar os trabalhos da noite, mas poderão também se transformar em fator reeducativo para que os médiuns estejam mais atentos e suas decisões no campo mediúnico e espiritual sejam mais intensas, resolutas e acertadas.

> *70. Qual a natureza ou como são elaborados os chamados campos de força ou de proteção, empregados usualmente em reuniões de apometria?*

COMO MATÉRIA-PRIMA para os referidos campos magnéticos, utilizamos as emissões psíquicas de meus irmãos junto com o ectoplasma trabalhado e manipulado por hábeis técnicos do mundo extrafísico. A válvula emissora dessas vibrações — a glândula pineal — funciona como uma antena potente, que irradia unidades-força do cérebro dos médiuns, as quais nos servem de combustível para o erguimento dos campos de força e de proteção em torno de meus irmãos.

A palavra ou os comandos verbais, quando pronunciados com força vibratória compatível com a necessidade das tarefas, desencadeiam elementos radioativos que meus irmãos exalam de suas auras e formam o *protocampo* que funciona como base para a aglomeração de energias em torno dos moldes criados mentalmente pelos médiuns. Agregamos as forças emitidas pelos meus irmãos médiuns, juntamente com os elementos que temos à disposição no mundo espiritual e, empregando a tecnologia sideral, aumentamos os recursos imensamente, erguendo o que chamam de campos de força ou campos de proteção.

> *71. O amigo Joseph Gleber poderia nos falar das diferenças entre os conhecidos campos de força e os de contenção, no âmbito das reuniões de apometria?*

É ALGO BASTANTE SIMPLES. Os campos de força são destinados a proteger meus irmãos e as instituições de ataques de entidades indesejáveis, delimitando seu campo de ação de modo a não permitir que abusem da liberdade relativa, confundindo as tarefas abnegadas de meus irmãos. Os campos de contenção, ao contrário, são emissões eletromagnéticas de altíssima potência e vibração, destinadas ao aprisionamento magnético das entidades perturbadas ou más. Sem os campos de contenção, seria muito difícil para as equipes espirituais atuar em benefício da harmonia das reuniões mediúnicas e das comunidades que amparam.

72. Certos espíritos obsessores, como os magos negros, podem romper os campos de contenção onde estão aprisionados, construídos pelos encarnados em sintonia com as equipes de benfeitores?

O FATO APONTADO ocorre com relativa frequência, por falha de meus irmãos, que não mantêm a ligação com os elevados propósitos do mundo superior. Nas ocasiões em que médiuns se apresentam ao trabalho despreparados psíquica ou emocionalmente, ou quando mantêm atitude mental e antiética em franco desrespeito à natureza sublime das tarefas para as quais foram chamados, formam-se aberturas nos campos de força ou de contenção, semelhantes àquelas observadas na camada de ozônio do planeta, através das quais os espíritos especialistas conseguem intrometer-se, chegando mesmo a fazê-los ruir, devido à baixa qualidade dos elementos com que o campo foi alimentado ou erguido.

73. Como contribuir para a eficácia e o fortalecimento dos campos de força, sejam eles de proteção ou de contenção de espíritos perturbados?

MANTENDO-SE SINTONIZADOS com as elevadas vibrações e os projetos espirituais do agrupamento mediúnico; não estabelecendo alvos mentais discordantes daqueles indicados para a equipe; trabalhando imbuído do espírito de equipe, eliminando os *achismos* e as tarefas paralelas, pessoais, baseadas em fatores emocionais, e não na orientação segura dos responsáveis pela reunião. Em suma, dedicando-se à tarefa com o respeito devido e assumindo postura cristã, ética cósmica e atitude adulta no que concerne à participação individual e ao envolvimento com os espíritos benfeitores que programaram e sustentam as diversas fases da reunião mediúnica.

Entendam meus irmãos que é dos médiuns de maneira geral que retiramos os elementos-força, os recursos psíquicos e ectoplásmicos para a formação e vitalização da proteção individual e coletiva de uma reunião mediúnica. Dessa maneira, meus irmãos médiuns funcionam como emissores de força nervosa e psíquica, como transformadores e geradores vivos. Depende de meus irmãos a eficácia da proteção do ambiente espiritual onde trabalham.

VENTO SOLAR: DEFINIÇÃO | ESPÍRITOS DA NATUREZA E ELEMENTAIS NATURAIS: UTILIDADE E CUIDADOS | ELEMENTAIS ARTIFICIAIS: CONCEITO E EFEITOS | ARTEFATOS TECNOLÓGICOS | LARVAS E PARASITAS ENERGÉTICOS | CLONES OU DUPLICATAS ASTRAIS

VENTO SOLAR, ELEMENTAIS E OUTROS RECURSOS USADOS NA APOMETRIA

74. *É possível prestar esclarecimentos quanto à força espiritual ou energética do chamado* vento solar *e sua eficácia para a esterilização do ambiente das reuniões mediúnicas?*

QUANDO O LOCAL de realização das tarefas mediúnicas de meus irmãos estiver magneticamente muito carregado, é possível utilizar a força do vento solar com objetivo de anular, limpar e fragmentar os cúmulos energéticos ou diluir os conteúdos parasitas.

O chamado *vento solar* não é um vento propriamente dito, mas uma irradiação proveniente do Sol — de bilhões de partículas subatômicas —, tanto em sua composição energética habitual, conhecida nos estudos de meus irmãos da ciência, quanto em sua forma astral, correspondente a essas mesmas partículas e localizada na dimensão extrafísica. As cargas de prótons, nêutrons, elétrons e uma infinidade de outras partículas emanadas do turbilhão solar vêm, em alta velocidade, banhando a Terra constantemente. Tais formações de pura energia, que são responsáveis pelo fenômeno da aurora polar,[25] podem ser conduzidas da alta estratosfera mediante o auxílio de entidades especializadas, a fim de esterilizar os locais para onde forem canalizadas. A energia dinâmica das partículas do vento solar tem a propriedade de influenciar magneticamente os campos de frequência de baixo teor vibratório, desfazendo-os ou fragmentando-os.

Em virtude do poder do corpo mental superior, principalmente no que tange às energias e suas diversas manifestações na natureza, verificamos que a força do pensamento

[25] *Aurora polar* é definida como um "fenômeno luminoso em forma de arcos, raios, faixas, leques ou véus brilhantes e coloridos, observado somente à noite e quase exclusivamente nas regiões de grande latitude dos dois hemisférios terrestres. [Resulta da ação de partículas provenientes do Sol, que penetram a magnetosfera e se precipitam em direção aos pólos magnéticos do planeta, colidindo com átomos e moléculas na atmosfera e provocando emissões de luz.]" (DICIONÁRIO *Houaiss da língua portuguesa, op. cit.*). Se ocorrer no hemisfério sul, é chamado *aurora austral*; caso se dê no hemisfério norte ou setentrional, chama-se *aurora boreal*.

dos médiuns que mantêm atividade regular no exercício de sua mediunidade é capaz de exercer influência benéfica sobre as partículas do vento solar. Isso ocorre devido ao dinamismo com que estas respondem ao poder direcionador da vontade da equipe mediúnica como um todo, aliado à diligência dos técnicos e especialistas do lado de cá da vida. Altamente carregadas com vigoroso potencial magnético, tais partículas aglutinam-se sob o comando superior associado à força mental do operador encarnado, estabelecendo potente fluxo energético.

> *75. Em grande número de atividades mediúnicas da atualidade, tem-se por hábito utilizar espíritos da natureza ou elementais, como auxiliares em determinadas tarefas. Há perigo nessa prática ou é conveniente ao bom andamento das atividades? Nota-se que há pouca informação sobre os elementais e sua natureza íntima.*

SE MEUS IRMÃOS ainda não possuem informações a contento acerca dos seres da natureza, é porque ainda não se manifestaram a respeito. Os benfeitores espirituais com certeza ficariam satisfeitos em dar informações que contribuíssem para o crescimento de meus irmãos.

Quanto à natureza daqueles seres catalogados como

elementais,[26] podemos dizer que, do ponto de vista da moral adotada pelos meus irmãos, todos são naturalmente puros em suas intenções e sua atuação junto aos médiuns. Não se deixaram contaminar com o egoísmo ou a inveja, como acontece com o ser humano. Neles, inocência e ingenuidade formam uma característica marcante nos diversos reinos em que atuam. Dedicados servidores, respondem solícitos ao chamado dos operadores experientes e medianeiros capazes, sempre no afã de executar as determinações para as quais são recrutados.

Devido à sua solicitude em atender aos apelos da vontade e ao chamamento de meus irmãos, deve-se ter o cuidado de não utilizá-los em tarefas menos dignas, ou a serviço de

[26] Para maiores esclarecimentos sobre os elementais naturais, consultar o livro *Aruanda* (*op. cit.*), em particular o capítulo 7. O livro *Legião*, do mesmo autor (*op. cit.*), contém diversas menções aos elementais. Transcrevemos a nota 27, no cap. 8 desse livro: "O nome utilizado por Kardec para se referir aos elementais é, na verdade, *espíritos da natureza*. Contudo, como se pode verificar nas questões em que o tema é abordado, em *O livro dos espíritos*, o nome é genérico, pois abarca tanto os espíritos de transição, pré-humanos, como as almas superiores, que coordenam os fenômenos naturais. Por essa razão, corriqueiramente os autores espíritas têm adotado a nomenclatura esotérica — *elementais* — quando desejam fazer alusão

interesses pessoais. Qualquer direcionamento equivocado, com certeza, refletirá os enganos daqueles que os convocarem, e tais erros cometidos por esses seres singelos e dedicados ocasionarão, inevitavelmente, prejuízo para quem os conduziu às realizações de seus objetivos. Por isso, deve-se lançar mão dos seres elementais na medida exata da tarefa a executar, evitando que eles se escravizem aos caprichos e interesses pessoais.

Meus irmãos nunca devem se esquecer de que os seres da natureza, os elementais, são criaturas livres, que vivem em sintonia com as forças da natureza, em seus diversos reinos, e é em meio à natureza que realizam seu crescimento, sua caminhada rumo a planos mais superiores. Assim sendo,

aos de evolução primária. Apesar de extenso, optamos por reproduzir o trecho, altamente esclarecedor em diversos aspectos: 'Formam categoria especial no mundo espírita os Espíritos que presidem aos fenômenos da Natureza? Serão seres à parte, ou Espíritos que foram encarnados como nós? *Que foram ou que o serão.* A) Pertencem esses Espíritos às ordens superiores ou às inferiores da hierarquia espírita? *Isso é conforme seja mais ou menos material, mais ou menos inteligente o papel que desempenhem. Uns mandam, outros executam. Os que executam coisas materiais são sempre de ordem inferior, assim entre os Espíritos, como entre os homens.*' (*op. cit.*, item 538: *Ação dos espíritos nos fenômenos da natureza* — grifos nossos.)".

podem ser evocados para o serviço do amor, para a realização de tarefas nobres e dignas em benefício da humanidade, pois, com isso, meus irmãos ajudam a acelerar seu processo de evolução.

76. Podem-se obter mais alguns esclarecimentos a respeito dos elementais?

OS SERES DA NATUREZA constituem uma classe ou espécie tão vasta e variada que só nos é possível dar a meus irmãos ideias pálidas a respeito de suas características. Podemos afirmar que tais seres evoluem de maneira distinta da nossa, os espíritos humanos, já que nunca foram pertencentes à humanidade nem o serão, no que tange à humanidade do planeta Terra. A ligação que têm com os espíritos já conscientes, que evolucionam como seres humanos neste planeta, está simplesmente no fato de povoarem o mesmo mundo, embora nele desempenhem uma tarefa à parte ou diversa da que cabe à humanidade. Habitam ou se vinculam a diferentes estados da matéria, segundo esta se manifesta no ambiente planetário. São entidades elementais, ou *espíritos da natureza*, assim denominados por sintonizarem com os elementos terra, fogo, ar, água e seus derivados.

Embora meus irmãos estudiosos os classifiquem como

espíritos da natureza, como se pertencentes à realidade imortal, nós identificamos apenas aqueles ligados ao ar como habitantes do plano astral, propriamente dito; os demais, das outras classes, existem mesmo em meio aos elementos e aos diversos setores da natureza física e etérica.

Dirigindo cada classe dessas entidades-elemento ou princípios espirituais, existem seres de arguta inteligência, consciência invulgar e grande capacidade intelectiva, que orientam os diversos departamentos da vida no planeta. Tais seres, conhecidos na mitologia de diversos povos, são, na realidade, os verdadeiros espíritos da natureza, habilitados a administrar as ações das inúmeras classes ou reinos elementais, no que concerne ao controle e à produção dos fenômenos naturais relativos ao planeta Terra.

A grande maioria dos seres elementais não sente prazer na presença dos homens, porque os hábitos mentais e emocionais destes instintivamente repelem aqueles seres. Contudo, aqueles que se achegam ao contato com o ser humano podem ser de índole amistosa ou não, conforme o grau de afinidade que possuam com ele ou segundo a condução que tenham recebido de entidades-espírito.

Indivíduos com capacidade mental privilegiada, mas pouca lucidez espiritual e restrito sentido ético, podem dominá-los, levando-os a desenvolver hábitos e vícios que definirão sua situação no plano onde se localizam, seja etérico ou astral.

Considerando seu estado natural de singeleza intelectual e falta de senso moral — ou seja, amoralidade —, os elementais podem estabelecer laços com alguns humanos, favorecendo-os direta ou indiretamente. Diante da simplicidade, que é uma de suas características, podem ser manipulados facilmente por uma mente adestrada e conduzidos à realização de tarefas ou propósitos mais ou menos elevados, conforme o desejo daquele que os guia, o qual se torna eticamente responsável pelo prejuízo causado a esses seres que vibram nos elementos.

São tão hábeis em sua ação sobre os humanos que são capazes de envolver certas pessoas e multidões inteiras em ilusões individuais ou coletivas, fazendo-as ouvir e ver exatamente aquilo que projetam no campo psíquico das criaturas. Por isso mesmo, são utilizados, no mundo extrafísico, por experientes manipuladores do magnetismo, entre os representantes das sombras.

Embora sua habilidade para produzir imagens mentais com força emocional a elas associada, os elementais não detêm a capacidade de dominar a mente humana, pois que vibram e existem num estágio evolutivo diferente e ligeiramente inferior ao do homem terreno. Essa realidade possibilita que sejam facilmente dominados pelo poder magnético de entidades e homens que os manipulam.

Em geral, não apreciam certos hábitos humanos, tais como o consumo de bebidas alcoólicas, tabaco e carnes, tanto quanto certos odores que emanam das pessoas com falta de higiene. Pressentem algo de incomum nos seres humanos que se caracterizam por algum desses comportamentos, evitando-os com asco. Tal atitude por parte dos elementais atesta sua extrema sensibilidade.

São seres assexuados, que não dispõem de condições mentais nem de um corpo espiritual mais elaborado, que lhes possibilitasse organizar um corpo físico para sua reencarnação; por esse motivo, no estágio em que se encontram, é-lhes impossível reencarnar. Somente em mundos especiais receberão o acréscimo da razão, o que é administrado diretamente pelas sábias orientações do Cristo planetário — o único de que temos notícia com capacidade e conhecimento para fazer tais seres transpor os limites evolutivos dos reinos da natureza para a realidade de um reino humano, em outros mundos da imensidão. O fato é que são elementos-grupo ou almas-grupo, não individualizados, profundamente ligados e sintonizados com determinados setores da natureza, mas que podem ser muito úteis em reuniões mediúnicas, quando bem conduzidos e orientados.

77. E quanto aos elementais artificiais*? Como é sua atuação e como são formados?*

OS SERES ARTIFICIAIS ou elementais artificiais são produto da criação do homem encarnado ou desencarnado, que projeta em torno de si elementos psíquicos ou mentais cuja forma imensamente variada pode assumir, inclusive, a do ser humano, conforme o grau de intensidade da mente idealizadora. No panorama atual do planeta Terra, tais seres semi-inteligentes constituem enorme contingente mergulhado num mar de sensações e emoções do plano astral, dotados de existência real, embora temporária.

São criados de maneira consciente ou inconsciente pelas mentes que lhes deram origem, e manifestam em si os desejos e emoções do indivíduo ou da comunidade que os gerou. Podem ser utilizados tanto para as forças do bem quanto para os trabalhos mais elaborados da magia negra, nos processos infelizes das obsessões de ordem complexa.

Quando manipulados por mentes habilidosas, fazem praticamente tudo a que os induzem, agindo de tal modo que facilmente se confundem com entidades reais, pensantes — hipótese em que passam a ser chamados simplesmente de *artificiais, duplicatas* ou *clones*. Esses elementos são criaturas não naturais do mundo extrafísico, induzidas, sustentadas e evocadas através do magnetismo de espíritos com disciplina mental e conhecimento. Obedecendo ao comando direto de seu manipulador, agem sobre suas vítimas ou alvos mentais programados, podendo atuar inclusive sobre suas faculdades psíquicas e assumir, perante estes, o papel de suposto mentor, na verdade conduzido à distância pelo magnetizador oculto, sem cessar. Com tal requinte poderão ser manipulados em processos obsessivos complexos que basta encontrarem elementos ectoplásmicos adequados para se fazerem perfeitamente visíveis às percepções medianímicas de um encarnado, proporcionando-lhe uma ilusão de materialização.

Muitos encarnados, vítimas de processos obsessivos altamente complexos, veem nesses seres artificiais que os envolvem manifestações de elevados mentores, cuja condução os leva, pouco a pouco, a se desligar de tarefas programadas previamente pelos verdadeiros mentores. Como se infiltram através da ilusão dos sentidos extrafísicos, são considerados de extremo perigo, principalmente para as mentes sensíveis desejosas de obter privilégios espirituais e para os indivíduos que pretendem ser missionários ou elementos especiais, com incumbências imaginárias.

Os elementais artificiais, clones ou duplicatas astrais, conforme a manifestação de cada um, comportam-se como seres errantes no plano astral. À semelhança de todo ser vivo, procuram alimentar-se energeticamente, com o objetivo de prolongar o máximo possível sua vida artificial — que, embora temporária, possui duração indefinida e pode ser relativamente longa. Para tanto, vampirizam seres humanos encarnados e desencarnados, principalmente na área correspondente ao chacra básico, sugando-lhes as energias sexuais e vitais, através das quais se abastecem. Em circunstâncias específicas, podem se alimentar do plasma que emana do sangue de pessoas cujas vidas são tiradas em sacrifícios de cultos exóticos ou por matadores profissionais.

Absorvendo as energias de suas vítimas ou dos alvos mentais para os quais foram dirigidos, podem inclusive provocar certos fenômenos, embora pequenos, mas aterrorizantes, com vistas a sugar as emoções[27] das pessoas sobre as quais

[27] Ao leitor mais atento, pode soar estranho o conceito de "sugar as emoções". Entretanto, apesar de os espíritos terem desenvolvido relativamente pouco o assunto, é isso mesmo que se quer dizer. Se alguém está com raiva, outra pessoa pode se aproximar e, de repente, sem perceber, ser envolvida por essa emoção a ponto de senti-la, compartilhando inclusive o alvo da raiva e, em casos extremos, aliviando a raiva daquele que a sentia originalmente. Sendo assim, parece coerente a tese de que há alguma substância presente na troca energética ocorrida, e é exatamente isso que interessa e alimenta o elemental artificial afinado com tal vibração. Além

têm domínio. Dessa forma, causam acidentes e desastres ocasionais, bem como problemas de ordem emocional mais ou menos graves, além de envolver seus alvos em imagens e relacionamentos sexuais, cujo objetivo é a extração ou o roubo das energias movimentadas a partir de tais associações mentais.

As criações mentais vivas ou elementais artificiais guardam uma peculiaridade: oferecem estrutura para que espíritos malévolos os assumam, num processo análogo ao da possessão, no qual tomam posse da forma mental artificial, vivificando-a e treinando-a para levar a cabo suas investidas ardilosas contra alvos humanos. Em geral, nesses casos, entidades perversas arquitetam planos em que se mostram revestidas da forma astral manipulada, com poder de iludir psiquicamente suas vítimas; apresentam-se com a aparência de algum mentor conhecido ou apreciado pela pessoa, imitando-o de diver-

disso, é importante ressaltar que, à semelhança do que se dá com o pensamento, que adquire forma, consistência e propriedades tangíveis e bem definidas na dimensão astral, o mesmo sucede com as emoções. Aliás, a distinção entre *razão* e *emoção* é meramente didática; quando empregam o termo *pensamento*, os espíritos referem-se ao *conjunto* razão-emoção, já que, a rigor, um não existe separadamente do outro. Para mais informações a respeito, remete-se ao livro já citado, *Legião*, especialmente à nota número 11 (*op. cit.*, cap. 2, p. 98s.).

sas maneiras e com características que lhes são próprias.

Há casos, mais frequentes do que meus irmãos gostariam de acreditar, em que elementais artificiais gerados por pensamentos de um povo ou de uma multidão passam a agir em determinadas regiões do planeta — normalmente, nos locais próximos àquele de onde emanaram os pensamentos originais. Nesses acontecimentos tão comuns, atuam nos elementos da natureza, provocando devastações e desencadeando, na contraparte física, imensos prejuízos, inclusive induzindo pessoas a cometer atrocidades e crimes hediondos. Autoridades e estudiosos, embora toda a sua capacidade, não conseguem explicar a incidência de crimes semelhantes ou de irrupções das forças da natureza em determinados países ou regiões, porque causados pelos seres artificiais, que reproduzem, em sua ação, o teor e a qualidade dos pensamentos coletivos que os criaram.

No caso de comoções naturais ocasionadas pelos elementais artificiais, eis o que ocorre. Esses seres flutuam sobre a atmosfera por tempo indeterminado, absorvendo as vibrações mentais e emocionais da população, de tal forma que, quando essas forças irrompem desses seres, parecem explodir, derramando-se por inteiro nos elementos naturais. O caos se estabelece, e a culpa, invariavelmente, é deslocada para as variações climáticas ou para o aquecimento global, que, na atualidade do século que se inicia, virou desculpa generalizada para muitos prejuízos com repercussão na esfera física.

NEUROSE OBSESSIVO-COMPULSIVA |
MANIAS E NEUROSE | CULPA E AUTOPUNIÇÃO
| TODA PSICOSE É OBSESSÃO?

QUESTÕES PSICOLÓGICAS E OBSESSÃO

78. *Favor comentar as chamadas neuroses, mais especificamente a neurose obsessivo-compulsiva.*

COMO UM COMPORTAMENTO de caráter enfermiço, a neurose obsessivo-compulsiva tem, como principal sintoma, manias desenvolvidas pelo indivíduo, que adquirem conotação especial devido à sua repetição automática e compulsiva. Em meio à diversidade de suas características, a neurose obsessivo-compulsiva pode se expressar de muitas maneiras. Nota-se, no comportamento da pessoa em desequilíbrio, um quadro intimamente ligado à mania de limpeza, que é bem típica, embora possa se manifestar com alguma variação, entre outras. Manias de ordem, de colecionar objetos compulsivamente e as de caráter supersticioso, em que a pessoa se sente compelida a bater três vezes na madeira, por exemplo, ou a sair somente se estiver munida de seus talismãs, pedindo licença em todo entroncamento de ruas. Manias como a de contar as coisas obsessivamente, de fazer contas com os números de uma agenda telefônica ou, ao perder o sono, de procurar ler tudo que está à sua volta, e, não encontrando um livro sequer, o indivíduo passa a soletrar os dizeres de placas, o nome de instrumentos nelas inscritos e as bulas de medicamento. Outros desenvolvem a mania de trancar portas em qualquer situação e verificar repetidas vezes se as fecharam direito; logo depois, esquecem-se do ocorrido e então retornam para se certificar, uma vez mais, se efetivamente estão trancadas.

Observando os quadros neuróticos, podemos afirmar que as manias efetivamente assumem o aspecto de doença ou neurose no momento em que a pessoa sente compulsão para repetir os atos, irresistível e indefinidamente. Isto é, sem conseguir se controlar, pois que não movimenta a vontade para se opor à compulsão. O indivíduo, sem querer e mesmo sem perceber, não consegue impedir a repetição, pelo uso de sua vontade debilitada. O nome *compulsivo*, portanto, vem da obrigatoriedade que sente de repetir o hábito ou o ato.

79. As pessoas que sofrem desse tipo de compulsão ou neurose obsessivo-compulsiva apresentam algo em sua personalidade que caracterize distintamente a neuro-

se que as acomete?

QUANDO AS PATOLOGIAS mencionadas aparecem no comportamento do indivíduo, podem ser observados alguns fatores determinantes em sua personalidade — fatores que, de certa forma, representam uma predisposição ou um terreno fértil ao desenvolvimento desses mesmos transtornos.

Geralmente, os portadores de neurose são pessoas escrupulosas ao máximo, pois têm uma preocupação constante de não provocar problemas ou atritos no relacionamento com ninguém, embora nem sempre consigam. A formalidade nos relacionamentos interpessoais, o distanciamento das pessoas e a frieza no trato com as próprias afeições e com os sentimentos alheios costumam ser traços característicos de tais indivíduos. Quando deparam com a oportunidade de liderar alguma equipe ou trabalham em conjunto, num sistema de parceria, sentem grande dificuldade, em virtude de serem autoritários; por outro lado, comportam-se com timidez ou tibieza quando não estão na posição de comando. No fundo, são medrosos fazendo tipo ou posando de fortes e determinados — o que demonstram não ser no dia a dia, na intimidade. Dependendo do grau avançado de sua neurose, afastam os demais e a possibilidade de cultivar um relacionamento mais próximo. Seu comportamento aparenta calma, mas, na verdade, são apenas retraídos com explosões emocionais periódicas, as quais podem ser surpreendentes e, em muitos casos, assustadoras. Têm forte sentimento de culpa e costumam ser cruéis consigo mesmos na manifestação de seus sentimentos de culpa e autopunição.

80. É adequado considerar a psicose como estado alterado da personalidade, cuja origem é espiritual?

CERTAMENTE MEUS IRMÃOS podem classificar certas manifestações da psicose como estados alterados da personalidade, em que a pessoa tem sensações que não correspondem à realidade e pensamentos que fogem ao seu controle. Todavia, seria errôneo afirmar que toda psicose é resultado de ação espiritual cujo portador é vítima de algum processo obsessivo.

A psicose pode ter as mais diversas origens, conforme define a psiquiatria terrena, tais como: certas fases do distúrbio afetivo bipolar; período pós-parto, em que surge a psicose puerperal; efeito colateral do uso de anfetaminas e cortisona; reação a álcool e drogas, principalmente cocaína, *ecstasy*, LSD, cogumelos, daime e *crack*; traumatismos cranianos; patologias como lúpus e hipertireoidismo, além de doenças neurológicas, como oligofrenia e Alzheimer. Eventualmente, meus irmãos poderão associar muitas dessas causas a fatores espirituais; com efeito, isso ocorre. Afirmamos até mesmo que alguns dos exemplos citados podem, de fato, relacionar-se a influências espirituais ou então atraí-las, após se instalarem os hábitos nocivos; contudo, jamais devemos generalizar, sentenciando que toda psicose guarda origem de ordem estritamente obsessiva ou espiritual.

81. Baseado em quais sintomas se pode saber se a psicose é de origem obsessiva ou não?

AS CRISES DE PSICOSE podem se expressar de formas variadas, e afirmamos que a mera observação desta ou daquela manifestação isolada não oferece elementos suficientes para estabelecer com devida segurança a origem da problemática, visando apenas a emitir um diagnóstico apressado.

De modo geral, independentemente de apresentar causa espiritual ou não, as crises de psicose se caracterizam por alguns sintomas que guardam traços comuns entre si. Podemos listar alguns daqueles, a título de exemplo:

A. alucinações auditivas, visuais ou olfativas;

B. aumento da desconfiança, acompanhado da sensação mais ou menos constante de estar sendo observado, provocado, controlado, perseguido, vigiado, traído ou alvo de comentários alheios;

C. sensação de que os mais diversos fatos têm relação consigo, independentemente de sua procedência;

D. pensamentos bloqueados ou interrompidos de modo repentino, o que se evidencia em queixas do tipo: "Parece que não consigo transmitir uma ideia até o fim!";

E. repercussão nas questões de ordem pessoal, como o desleixo com a aparência e a higiene;

F. agitação, confusão e agressividade;

G. insônia e inapetência.

O psicótico costuma, ainda, atribuir significados diferentes às situações que estão realmente acontecendo, frequentemente apresentando comportamento estranho e tendência ao isolamento.

Como se vê, diante de quadro tão amplo e da grande variedade de manifestações ou sintomas, não se pode generalizar, de maneira nenhuma, a causa da psicose. Nem toda psicose é obsessão, ou seja, tem no fator espiritual sua explicação única ou principal. Tampouco o oposto é verdadeiro; isto é, é falso que toda psicose teria gênese puramente neurológica, de origem esquizofrênica. Absolutamente. Na maioria dos casos, é comum a combinação de dois ou mais agentes causadores.

Enfim, creio que os meus irmãos podem entender que há necessidade de se estudar pormenorizadamente cada caso, antes de se estabelecer um diagnóstico acertado.

MÉDICOS DE UM E OUTRO LADO DA VIDA | ÁGUA MAGNETIZADA E ECTOPLASMIA | ORIGEM E NATUREZA DO ECTOPLASMA | AÇÃO DOS REMÉDIOS ESPIRITUAIS | CURA OU TRATAMENTO? | HOMEOPATIA E REMÉDIOS ENERGÉTICOS | DOAÇÃO DE ECTOPLASMA E DESGASTE DO MÉDIUM | ENERGIAS EM UMA REUNIÃO PÚBLICA | CONTAMINAÇÃO FLUÍDICA E LIMPEZA ASTRAL | LUZ ACESA OU APAGADA? | RECEITUÁRIO MEDIÚNICO E ATENDIMENTO FRATERNO

TRATAMENTOS ESPIRITUAIS E ECTOPLASMA

82. *Quais espíritos contribuem para a preparação de medicamentos ou a fluidificação das águas? Porventura todos são especializados, como os médicos do espaço?*

PODEMOS DIZER a meus irmãos que diversos são os espíritos envolvidos na preparação da medicação espiritual. No entanto, não podemos confundir *especialização* com *títulos* conquistados nas academias da Terra. Muitos desses seres que contribuem na preparação dos medicamentos de origem espiritual se especializaram do lado de cá da vida na dedicação diária ao serviço que realizam. Dessa forma, temos entre eles, por exemplo, tanto seres elementais quanto espíritos mais evolvidos, que utilizam suas habilidades juntamente com aqueles que meus irmãos costumam designar como médicos espirituais.

Alguns medicamentos, devido à sua natureza, são preparados pelos seres que se caracterizam como caboclos, pais-velhos e outros ainda, até mesmo por seres de outros orbes.

83. Como os princípios terapêuticos de determinados medicamentos são transportados para a água que está sendo fluidificada ou magnetizada? Onde é obtida a propriedade que certas águas magnetizadas possuem de apresentar odor ou cor?

MUITAS PROPRIEDADES terapêuticas são particulares a determinados vegetais, minerais ou têm outras procedências na natureza; do mesmo modo, o odor característico, em alguns casos, ou mesmo certas cores observadas. Os medicamentos são materializados nas águas através do fenômeno conhecido por meus irmãos como ectoplasmia. As microcélulas extraídas da natureza são envolvidas nos fluidos do espírito responsável pelo transporte, acrescidos do ectoplasma do médium doador. Somente então ocorre o transporte[28] ou a mate-

[28] A fundamentação teórica do fenômeno de transporte pode ser conhecida no seguinte texto — KARDEC. *O livro dos médiuns, op. cit.*, cap. 5, itens 96 a 99 —, com

rialização, quando fazemos com que a contraparte etérica ou astral se revista de fluidos cada vez mais densos, próprios do plano físico, e se materialize no momento oportuno.

84. O princípio medicamentoso da água fluidificada ou magnetizada tem funções semelhantes às dos medicamentos terrenos?

MUITAS VEZES são trazidos e materializados princípios terapêuticos muito semelhantes a certos remédios da medicina terrena. No entanto, temos condições de eliminar completamente os efeitos colaterais de tais substâncias, quando para isso temos permissão e os meus irmãos façam por merecer. Temos também outros tipos de elementos oriundos do grande reservatório da natureza, de fluidos imponderáveis das regiões superiores ou mesmo dos laboratórios de pesquisa do mundo invisível.

Para tais medicamentos ainda não há analogia na no-

destaque para os dois últimos itens, que trazem uma dissertação seguida de um questionário respondido pelo espírito Erasto — discípulo de Paulo de Tarso (At 19:22; Rm 16:23; 2Tm 4:20) e provavelmente a maior autoridade em matéria de mediunidade entre os espíritos da Codificação.

menclatura terrestre ou nos registros da medicina oficial. Em qualquer dos casos, convém observar que a medicina espiritual não tem como objetivo anular ou substituir os esforços sagrados da ciência terrestre e de suas conquistas. Trabalhamos em regime de parceria, de forma tal que possamos complementar aquilo que falta entre meus irmãos. Os remédios energéticos ou espirituais guardam certa similaridade com aqueles desenvolvidos por meus irmãos apenas em alguns casos, por possuírem outros elementos próprios do mundo oculto, da esfera astral ou extrafísica. Tais princípios medicamentosos poderão ser absorvidos pelo organismo de meus irmãos ou mesmo acrescidos às drogas prescritas pelos médicos da Terra, conforme cada caso assim o exigir.

85. Poderia esclarecer a respeito da natureza dos princípios medicamentosos trazidos pelos espíritos?

AQUILO QUE DENOMINAMOS *microcélulas* são elementos que meus irmãos considerariam difícil de extrair da natureza, devido ao atual estágio da sua ciência. Entretanto, para nós, constitui algo simples e corriqueiro. As propriedades de certas substâncias trazidas pelas diversas equipes que contribuem para a cura ou o tratamento espiritual conseguem renovar e reorganizar completamente as células físicas, desde que meus irmãos ofereçam condições para a materialização de tais medicamentos.

Para que obtenhamos eficácia, a oração, a conexão com a fonte eterna de todo o bem é fator indispensável, aliada aos esforços de modificação e reeducação do pensamento e das emoções. Somente com uma predisposição criada por esses recursos internos é que os recursos da medicina espiritual poderão ser ativados e alcançar graus variados de eficácia.

86. Como é produzida a materialização dos medicamentos nas reuniões de ectoplasmia ou nos processos de magnetização das águas?

OS FLUIDOS OBTIDOS pela doação dos meus irmãos médiuns passam por um processo de elaboração. O fluido nervoso, conhecido por meus irmãos como ectoplasma, é o elemento-chave para o processo eletromagnético de transferência desses elementos curativos do plano extrafísico para o físico. Utilizamos, muitas vezes, equipamentos desenvolvidos pela técnica sideral a fim de promover os ajustes vibratórios entre o fluido doado pelos médiuns e o das entidades responsáveis pela condução das atividades. Muitos desses recursos utilizados por nós são processados em tempo muitíssimo reduzido, considerando os padrões atuais da ciência terrena. Em apenas alguns segundos nos é possível ajustar o campo eletromagnético dos corpos espirituais de médiuns e espíritos a fim de obtermos as condições necessárias à materialização dos medicamentos. Mas, convém repetir, somente podemos realizar algo que beneficie meus irmãos mediante a autorização do Alto e os recursos íntimos oferecidos por meus irmãos.

No processo de materialização em si, os elementos a serem transportados para o panorama físico são envolvidos nos fluidos perispirituais dos médiuns e dos espíritos, que naquele momento trabalham em sintonia plena ou em fase de ajuste vibratório. O descenso vibratório é feito primeiramente passando-se os elementos curativos dos fluidos do espírito para os fluidos dos médiuns; depois, então, ocorre o fenômeno propriamente dito de transferência das partículas atômicas e subatômicas para o plano ou a dimensão em que se localizam meus irmãos. O fato é algo corriqueiro do nosso lado, embora possa ser difícil ainda para os pesquisadores da Terra entenderem o processo. Uma vez que disponhamos de ectoplasma e de permissão do Alto, torna-se viável o processo de materialização. O mesmo se dá, em sentido inverso, com o fenômeno de desmaterialização, tanto de produtos medicamentosos, como de enfermidades, tumores e células adoecidas. Sempre dependemos da parceria dos médiuns e do aval dos nossos superiores.

87. O tratamento homeopático pode realmente produzir a cura em níveis mais elevados ou sutis do ser humano, como no corpo mental? Tal cura é mais consistente e duradoura por se passar no campo mental? Em que parte desse processo entram os chacras? Na distribuição dessa energia medicamentosa? Em quais corpos energéticos os medicamentos atuam?

A CURA do campo mental ou de outros corpos superiores demanda uma atividade mais profunda e de caráter mais intensivo, no que tange à aplicação dos recursos terapêuticos. Desconhecemos a viabilidade desse tipo de cura através da homeopatia, embora muitos de meus irmãos ainda insistam nessa tese. O corpo mental só é acessado para a cura ou o tratamento através de técnicas ainda desconhecidas pelos meus irmãos encarnados. Meus irmãos podem auxiliar no processo, é verdade; contudo, os mais prodigiosos resultados de muitas terapias holísticas ou emergentes somente conseguem atingir as matrizes do corpo psicossomático.

Convém esclarecer a meus irmãos que o processo de cura pressupõe a erradicação completa do morbo ou do desajuste. Considerando o corpo mental como sendo de uma dimensão energética superior, por enquanto somente o processo reencarnatório, com seus mecanismos psicossociais e espirituais, poderá interferir, com o tempo, nas matrizes mentais superiores. Nunca foi pretensão de Hahnemann[29] que a homeopatia atingisse níveis tão profundos como esses nos quais vibram as matrizes do corpo mental. Naturalmente isso não invalida o fato de que certos medicamentos homeopáticos predispõem o indivíduo para maior incursão na profundidade de seu mentalsoma. Mas pretender a cura dessas matrizes através da homeopatia seria esperar muito da capacidade medicamentosa da terapêutica homeopática.

Todo processo de cura, para ser consistente e duradouro, deve contar com a participação do indivíduo de forma consciente. Mais ainda, é preciso que se esgote o conteúdo cármico relacionado, aquele que providenciou o processo enfermiço. Outra coisa é importante considerar: muitas vezes o mal ou a enfermidade que se deseja curar já é o tratamento ideal para a verdadeira desarmonia, que, muitíssimas vezes, é de ordem moral, emocional ou cármica. Portanto, pretender a cura total é algo arriscado no contexto evolutivo de meus irmãos.

A atuação dos medicamentos homeopáticos depende muito da predisposição do indivíduo. Não podemos generali-

[29] Samuel Hahnemann (1755-1843) é o fundador da homeopatia, a qual para muitos surgiu no ano de 1796.

zar os resultados ou o potencial homeopático sem considerar as predisposições íntimas e emocionais de cada ser.

> 88. *Se permitido, é útil o uso de medicação homeopática para alívio e revitalização daqueles que se acham em tratamento para desobsessão, obviamente sem prejuízo dos compromissos de reeducação evangélica e mudança interior?*

COM CERTEZA, qualquer ação terapêutica que visa auxiliar o processo de *tratamento* — e não de *cura* — dos meus irmãos que atravessam processos de sofrimento é algo desejável. No entanto, convém observar que os resultados dependem de cada ser, e, por isso mesmo, não se deve esperar obter os mesmos efeitos em pessoas diferentes, somente porque o medicamento tenha sido igual para ambos. Muita ajuda seria concedida nos casos de obsessão caso meus irmãos oferecessem apoio ou acompanhamento emocional a cada indivíduo que se encontra em tratamento desobsessivo. As matrizes do pensamento localizadas no corpo mental seriam estimuladas à renovação, propiciando ao espírito encarnado momentos de refazimento e reencontro consigo mesmo. O processo de acompanhamento emocional realizado por terapeuta experiente e espiritualista constitui imenso benefício para tais processos enfermiços.

89. Muito se tem estudado a respeito dos trabalhos realizados por certos médiuns em parceria com os benfeitores do mundo invisível. Quando os médiuns se colocam como instrumento de doação para a realização dessas atividades de parceria, há algum desgaste para o aparelho mediúnico?

NAS OCASIÕES em que os médiuns meus irmãos doam a energia denominada ectoplasma, há um desgaste de conformidade com a natureza dos trabalhos. Mas nem sempre se precisa desse tipo de fluido nervoso para as tarefas que realizamos em conjunto. Nos casos de materialização ou ectoplasmia, o desgaste é recompensado após um determinado tempo de repouso por parte do médium, embora jamais o ectoplasma retorne em sua totalidade. Devido à insalubridade do ambiente físico, às criações mentais dos encarnados ou mesmo a certos fatores emocionais que envolvem meus irmãos do plano físico, o ectoplasma doado não guarda mais sua pureza original, por isso torna-se prejudicial seu retorno total aos médiuns doadores, ocorrendo apenas de forma parcial. Produzimos recursos para a depuração tanto do ambiente quanto da energia nervosa doada pelos médiuns, a fim de que a utilização do ectoplasma seja compensada pela energia oriunda do contato com os elementos sutis da natureza, nos processos de respiração e interação com os fluidos balsâmicos dos ambientes naturais.

90. Nesse caso, pode-se entender que os médiuns doadores de ectoplasma para materialização são os mais afetados pela insalubridade do ambiente?

É CERTO QUE meus irmãos médiuns, quando são doadores de cotas mais significativas do fluido nervoso chamado ectoplasma, sofrem em maior grau os efeitos do impacto ambiental inerente ao campo físico no qual transitam meus irmãos. No entanto, do lado de cá, procuramos providenciar atuação mais intensa sobre tais médiuns de ectoplasmia, visando preservá-los ao máximo desses choques energéticos e de possíveis contaminações do ambiente insalubre do plano físico. Mas a eficácia de nossos esforços está subordinada à vigilância dos médiuns e à sua própria estrutura perispiritual. Assim, a grande perda energética a que os médiuns ficam sujeitos durante os trabalhos de ectoplasmia é compensada pelos nossos esforços na reposição e proteção ao medianeiro.

Vale observar que muitos irmãos querem parecer doadores de uma energia que não possuem e, para tanto, simulam tal desgaste, que é real somente aos olhos das pessoas desprevenidas e sem espírito crítico. É evidente que a maioria desses casos não passa de teatro realizado por muitas pessoas que ficam bocejando, abrindo a boca de forma desmesurada, numa manifestação clara de falta de educação das mais básicas, que nada tem a ver com a doação de ectoplasma. Meus irmãos precisam ficar atentos inclusive a essas representações de baixa qualidade, as quais denunciam a fragilidade espiritual de muitos que se julgam ou querem parecer médiuns de ectoplasmia.

> *91. Nos trabalhos nos quais é utilizado ectoplasma para materializar recursos medicamentosos nas águas, ou mesmo nas reuniões de materialização, quais tipos de energia são utilizados e de onde se originam?*

QUANDO MATERIALIZAMOS a medicação nas ectoplasmias, ou aquela destinada ao composto energético que meus irmãos denominam água magnetizada, são realizadas operações vibratórias em vários comprimentos de onda, bem como em diversas frequências, que compreendem tanto o espectro da luz visível aos olhos de meus irmãos quanto aqueles da luz astral, passando naturalmente pelas gradações dos raios infravermelhos e ultravioletas, raios X e raios gama. Ultimamente, estamos utilizando as radiações do cobalto, do césio 14 e de outros elementos, notadamente quando os compostos energéticos são destinados a portadores de câncer e de enfermidades infectocontagiosas.

Nossa tecnologia sideral possui aparelhos capazes de armazenar e extrair, ampliar e transmitir diversos tipos de radiações, graduando-as de forma a não prejudicarem, mas auxiliarem no tratamento de meus irmãos enfermos. Temos também outros elementos do mundo oculto e outros ainda que são trazidos de ambientes fora do planeta Terra, os quais são desconhecidos pelos meus irmãos encarnados. Enfim, de acordo com a permissão do Alto e considerando-se cada caso, com seus antecedentes cármicos, podemos utilizar ampla faixa de vibrações e radiações, bem como materializá-los nos processos de magnetização das águas e ectoplasmias.

92. Os medicamentos transmitidos através da água magnetizada e de outros elementos utilizados pelos espíritos agem no corpo físico obedecendo a princípios equivalentes aos dos medicamentos usados na medicina terrestre?

A MEDICAÇÃO de origem espiritual possui muitos elementos diferentes daqueles que estão presentes nos medicamentos terrenos desenvolvidos pelos meus irmãos cientistas. Por isso mesmo, o mecanismo de atuação da medicação espiritual de origem energética também há de obedecer a fatores diferenciados. Juntamente com os princípios curativos utilizados por nós, conforme falamos anteriormente, há a utilização de campos biomagnéticos e de microorganismos ou microcélulas cuja ação depende de certas condições muito diversas daquelas exigidas para a eficácia da medicação terrena. Empregamos os princípios da lei de sintonia para afinar os fatores curativos com os campos enfermiços, os órgãos doentes ou as estruturas energéticas desarmônicas. Evidentemente, meus irmãos sabem que tudo no universo vibra de acordo com certas leis, e é essa vibração que levamos em conta nos processos curativos.

Sintonizamos magneticamente os focos de doença com o potencial energético do medicamento. Dessa forma, procuramos harmonizar as duas partes — a enferma e a medicamentosa — para que esta possa interagir com aquela, aumentando seu teor vibratório. À semelhança do que ocorre com os medicamentos terrenos, os remédios de origem espiritual são comumente assimilados pelas células e pelos órgãos do corpo físico, mas vão mais além, pois que a assimilação é total, completa; além disso, possibilitam-nos administrar uma dosagem muitíssimo maior do que aquela utilizada pelos médicos encarnados, sem o prejuízo que os produtos farmacêuticos terrenos podem causar. Através do conhecimento da medicina espiritual, eliminamos os fatores de risco, não obstante às doses maciças dos princípios curativos que podemos empregar no tratamento de nossos irmãos. Devido a essa ação terapêutica diretamente nos focos enfermiços por processo de sintonia vibratória, o efeito dos medicamentos é muito mais potente que aqueles verificados pela ação da medicina terrena.

> *93. Vemos pessoas que se submetem à terapêutica energética ou utilizam determinados medicamentos de origem espiritual e, apesar disso, não alcançam melhora no estado de saúde. O que pode estar interferindo em seu processo de cura?*

PARA QUALQUER TIPO de terapia espiritual, tanto a fluidoterapia quanto os medicamentos de origem energética ou espiritual, é necessária uma condição correspondente ou resposta vibratória por parte de meus irmãos. Não adianta utilizar a medicação se não encontramos um estado vibratório compatível para que o processo de tratamento ocorra. Quando a contraparte energética ou espiritual dos medicamentos por nós elaborados encontra o foco infeccioso ou mórbido, seja nos corpos físico, etérico ou psicossomático, é preciso que haja algum elemento para que a sintonia se estabeleça.

Para isso, é imprescindível a contribuição do próprio interessado. O indivíduo terá de realizar uma reeducação das matrizes do pensamento e das emoções, algo semelhante ao que meus irmãos entendem por *reforma íntima*, de maneira que o conteúdo vibracional dos medicamentos energéticos possa encontrar ressonância. Sem a contribuição do sujeito, nada podemos fazer.

> *94. Quando os espíritos se materializam entre os encarnados, auxiliando na cura ou no tratamento de algum enfermo, empregam apenas o ectoplasma do médium de materialização ou usam também outros recursos, extraídos da natureza e de médiuns auxiliares?*

PARA A MATERIALIZAÇÃO propriamente dita, utilizamos apenas o ectoplasma do médium de materialização. As demais energias e fluidos extraídos da natureza, bem como certos recursos de outros médiuns de apoio, são usados no preparo de medicamentos, não na materialização.

> *95. Quando mencionou que os espíritos usam* microorganismos *na preparação de medicamentos, pode-se entender o termo microorganismos com o mesmo sentido que tem na medicina terrena?*

DE MODO ALGUM. Ocorre que o vocabulário humano é muito limitado para que possamos construir as frases que correspondam ao nosso pensamento. Na medicina terrena, microorganismos podem ser comparados a uma classe geral de micróbios; no nosso caso, utilizamos a palavra para designar as partes ínfimas do protoplasma celular, as quais a ciência terrena ainda desconhece. Nossos compostos medicamentosos, frequentemente chamados por nós de microorganismos, são retirados de elementos naturais do planeta, encontrados, por exemplo, nas plantas, nas águas — principalmente das profundezas dos oceanos — e também nos animais que vivem em ambientes ainda virgens no que tange ao contato humano, bem como de outros recursos que em breve a ciência terrestre descobrirá. Usamos tais elementos, entre diversas aplicações, para reconstituição celular, implantes na contraparte etérica ou transplantes de certas células com conteúdo mórbido.

96. *Os participantes de uma reunião pública de orientação doutrinária também doam certa cota de energia ou ectoplasma para o atendimento aos enfermos e a magnetização ou fluidificação das águas? Em caso afirmativo, o processo de transferência de energias e fluidos dessas pessoas é análogo ao que ocorre com médiuns de materialização?*

EM GERAL, a maioria das pessoas presentes a uma reunião dessa natureza contribui de alguma forma na doação de recursos terapêuticos para o atendimento aos mais carentes de energia e de um estado harmonioso. Entretanto, para que possamos aproveitar tais recursos, empregamos a tecnologia sideral a fim de extrair aquilo que nos seja possível, geralmente sem que tais pessoas percebam. Quando numa reunião encontramos fatores de harmonia, de fraternidade, de tranquilidade, podemos extrair mais intensamente essas energias de meus irmãos.

Porém, ao falar em harmonia, não queremos dizer uma reunião em que necessariamente predomine o silêncio, composta por pessoas sem interesse, aparentemente mortas ou inertes. A alegria é um dos fatores muitíssimo importantes para que possamos captar fluidos com certas características, dotados de maior qualidade, a fim de serem transportados para os locais mais necessitados. Portanto, pessoas reunidas em harmonia — isto é, alegres, descontraídas e ao mesmo tempo conscientes de sua responsabilidade — serão para nós as fontes mais capacitadas para arregimentar as energias curativas das quais precisamos.

97. Ao se realizar uma reunião de tratamento espiritual — ou de cura, como se diz em certos lugares —, há resíduos ou elementos de contaminação que podem prejudicar os médiuns? Em caso positivo, como promover a limpeza do ambiente após ou mesmo antes de tais reuniões?

QUANDO SE REALIZA uma atividade de tratamento espiritual, é natural que, durante as trocas energéticas, as ectoplasmias e as constantes intervenções do plano espiritual, fique no ambiente uma cota de energias insalubres ou de fluidos mais grosseiros, que são retirados dos consulentes. Tais fluidos poderiam ser prejudiciais à saúde das pessoas que doam suas energias, não fosse o trabalho de dispersão realizado pela equipe espiritual responsável.

De todo modo, a fim de promover o saneamento da atmosfera psíquica e fluídica, consideramos de imenso valor que os meus irmãos possam proceder à queima astral dos elementos desarmoniosos e de vibração *barôntica*.[30] Essa

[30] Neologismo de que os espíritos Joseph Gleber e Alex Zarthú costumam se utilizar através da mediunidade de Robson Pinheiro. Do grego *báros* (*gravidade, pressão atmosférica*) e *óntos* (*ser, criatura*), é empregado como adjetivo para aquilo que popularmente se classifica como "pesado", do ponto de vista energético, vibracional. Mais propriamente, define algo de vibração extraordinariamente baixa, densa, materializada e com característica necessariamente perniciosa.

queima naturalmente será realizada mediante uma ação conjunta entre nossa equipe e a de médiuns, sob o comando magnético de um operador, que recorrerá a recursos naturais. Com a permissão de espíritos superiores, evocará elementais específicos, que agirão sob o influxo da mente de espíritos hábeis na manipulação das forças naturais, de modo que as energias daninhas sejam desagregadas e, literalmente, queimadas. Da combustão desses fluidos, restará então um tipo intermediário de energia, que poderá ser reutilizado ou *reciclado*, conforme o vocabulário atual de meus irmãos, para a proteção do ambiente astral. Tudo isso sem que haja prejuízo para a organização mediúnica.

> *98. Por que, em muitos centros espíritas, os passes são aplicados em cabines com pouca ou nenhuma luminosidade? É necessário que se apaguem as luzes para a doação das energias benéficas?*

APENAS NO CASO de materializações ou ectoplasmias é que geralmente se faz necessária a diminuição da luz ou mesmo a utilização de luz vermelha, à semelhança do que se faz em laboratórios fotográficos, para que o ectoplasma alcance maior consistência. Para a simples transmissão de fluidos através do passe, tornam-se absolutamente dispensáveis os ambientes escuros, uma vez que não há o fenômeno conhecido como materialização. Nesses casos, existe a transmissão ou reposição de fluidos, sem a necessidade de se materializar nenhum espírito. Vale acrescentar ainda que, em tese, mesmo nas materializações, quando o próprio ectoplasma é empregado de forma mais abundante, é possível operar com a luz acesa e inclusive à luz do dia, bastando que haja condições para tal — da parte do médium e no que se refere à qualidade ectoplásmica e ao tipo de materialização —, embora seja fato estatisticamente incomum.

99. Ainda sobre as curas e materializações, poderia esclarecer algo mais a respeito do ectoplasma?

A PALAVRA *ectoplasma* foi criada por eminente pesquisador das questões psíquicas e metapsíquicas.[31] Na biologia, *ecto-*

[31] Ao que tudo indica, foi Charles Richet (1850–1935), parceiro do espírita Gabriel Delanne em algumas pesquisas e prêmio Nobel de 1913, que cunhou o termo *ectoplasmia*. No ano de 1905 denominou o conjunto de conhecimentos a que se dedicava de *metapsíquica*, escola da qual o espiritismo acabou por tomar emprestada a palavra *ectoplasma*, empregada para definir a substância nervosa que se aproxima do que Kardec denominava *fluido vital*.

plasma corresponde à parte externa e mais leitosa ou fluida do protoplasma de células e protozoários. Contudo, para nós, o ectoplasma é a força nervosa emitida pelos médiuns de materialização em quantidade maior que os demais, e é parte constituinte do duplo etérico ou corpo vital.

Essa energia nervosa ou substância vaporosa transuda do corpo físico dos médiuns, tornando-se extremamente dócil e manipulável pelos seres de nossa dimensão. Constitui-se em precioso combustível para a realização de uma gama quase infinita de fenômenos físicos e extrafísicos, nas dimensões muito próximas ao plano terreno. Luminescente, comporta-se como algo vivo, sensível, amorfo, porém coeso e organizado. Ao ser exsudado dos orifícios da organização mediúnica, tal elemento apresenta-se com extremo polimorfismo, exalando uma aura brilhante e ao mesmo tempo fugaz como o raio. Em maior ou menor proporção, ainda que jamais totalmente, o ectoplasma é reabsorvido pelos próprios médiuns doadores nos casos comuns de ectoplasmia, logo após as reuniões em que é utilizado. O pensamento, as emoções e a força mental bem direcionada são capazes de dar forma, textura, cor e cheiro a essa substância vaporosa e maleável.

Tal energia nervosa é muitíssimo sensível à luz branca, intensa e direta. Tem em sua composição proteínas, moléculas de água, aminoácidos, lipídios, glicídios e alguns minerais. O fosfato de cálcio e o fósforo entram em sua composição etérica de maneira especial, além de outros elementos desconhecidos da ciência terrena, porque de origem extrafísica. Portanto, o ectoplasma não é uma substância simples, mas composta; uma mistura de elementos do organismo do médium e de outros da esfera invisível.

100. Pode-se saber mais a respeito de como essa substância nervosa – o ectoplasma – é produzida e exalada dos organismos dos médiuns?

MEUS IRMÃOS não ignoram que o corpo etérico é a sublime fonte e o armazenador deste fluido especial, o ectoplasma. Quando precisamos nos utilizar de uma cota maior, mais intensa e de alto teor qualitativo, agimos diretamente no sistema nervoso dos médiuns, em seu cérebro físico, predispondo-os para a elaboração do combustível de plasma de que precisamos. Os filamentos nervosos de meus irmãos médiuns e doadores são estimulados ao máximo, a fim de que moléculas e outras partículas possam percorrer certos canais naturais para se exteriorizarem. Narizes, bocas, ouvidos e órgãos genitais, bem como os próprios poros, principalmente das mãos, transformam-se em canais vivos por onde transita livremente o fluido ectoplásmico ou nervoso. A força nervosa liberada passa a envolver o médium, e as partículas constituintes do fluido então obedecem ao comando mental da entidade que dirige a ação, em conjunto com a mente do médium.

O transe mediúnico funciona como uma espécie de tensão, na qual o médium se coloca como transformador vivo das energias sutis somadas à vitalidade que emana do duplo etérico e a outros elementos físicos que entram na composição final do ectoplasma. Em todo esse processo de transformação e doação, o sistema nervoso do médium é um elemento primordial, canal absolutamente necessário para o trânsito dos fluidos doados.

> *101. Qualquer espírito poderá lançar mão do ectoplasma de um mesmo médium para obter o combustível necessário para suas realizações, tanto as que dizem respeito a efeitos físicos como as que se dão na esfera extrafísica mais próxima à Terra?*

NÃO OCORRE ASSIM. É preciso que haja uma sintonia vibratória entre os perispíritos do desencarnado e do médium, sintonia essa que abrange os fluidos mais ou menos densos, constituintes de ambos os corpos energéticos. Sem que haja tal similaridade de magnetismo não haverá possibilidade de espíritos diversos utilizarem o ectoplasma do mesmo indivíduo. Exatamente por essa razão, a substância é extraída de determinado médium que está ou foi preparado especificamente para aquela tarefa, junto a uma equipe espiritual em particular. E é também por isso que nem todos os espíritos conseguem obter efeitos similares através de um mesmo médium.

Contudo, devemos reconhecer que alguns de meus irmãos, já experimentados nas faculdades mediúnicas no passado espiritual e, além disso, preparados na erraticidade, prestam-se melhor a atuar como intermediários de um grande número de fenômenos e de espíritos, por serem médiuns mais dóceis ao comando espiritual. Evidentemente, não queremos nos referir a uma docilidade que beira à paralisação da vontade e à subordinação improdutiva, mas a uma docilidade energética e fluídica, que os faz dotados de notável maleabilidade.[32]

[32] A *maleabilidade* do médium é um aspecto bastante valorizado por Kardec, e não sem razão. A ausência de tal atributo, no limite, produz o que classifica de *médiuns exclusivos* — "aqueles pelos quais se manifesta de preferência um Espírito, até com exclusão de todos os demais" —, sobre os quais advertem seus orientadores: "Isto resulta sempre de falta de maleabilidade. Quando o Espírito é bom, pode ligar-se ao médium, por simpatia, ou com um intento louvável; quando mau, é sempre objetivando pôr o médium na sua dependência. É mais um defeito do que

102. No que diz respeito ao método de trabalho das equipes espirituais, qual a diferença entre o atendimento de uma pessoa através do chamado receituário mediúnico *e através da* conversa fraterna *ou* atendimento fraterno, *feita por um médium mais consciente, que conduz um diálogo com aquele que busca orientação na casa espírita?*

NO RECEITUÁRIO mediúnico, ou na chamada orientação mediúnica mais ostensiva, entram em atividade muitas equipes para apurar o que está ocorrendo com o consulente. Independentemente daquilo de que ele reclama, é atendida a situação real, não apenas aqueles fatores imaginários, muitas vezes relatados de maneira parcial, incorreta ou mesmo incompleta. As equipes responsáveis analisam cada indivíduo e, a partir de então, transmitem o resultado para o espírito que deverá psicografar.

No caso do atendimento chamado fraterno, por meio da conversa, o próprio espírito que assessora o atendente

uma qualidade [a exclusividade] e muito próximo da obsessão" (KARDEC. *O livro dos médiuns, op. cit.*, cap. 16, item 192, p. 274. Além deste, recomenda-se a leitura do item 185 na íntegra).

encarnado é quem examina o caso e, através de elementos sutilíssimos da intuição mais pura ou ostensiva, procura promover, ao longo do diálogo, a necessária lucidez para que o consulente possa fazer suas reflexões. De posse de informações mais completas e com uma interação mais intensa com a pessoa a ser tratada, temos condições de realizar um diagnóstico de maior acerto — a depender da sintonia com o médium, é claro — e indicar uma terapia adequada, além de interagirmos através do atendente, como nosso elemento de ligação com o consulente. Meu irmão entendeu?[33]

[33] Evidentemente, uma frase como a que encerra este parágrafo é um tanto coloquial, o que, em circunstâncias usuais, seria razão para retirá-la do texto psicografado, no processo de edição do livro, mesmo reproduzindo explicações dadas oralmente, em aula. Todavia, a opção por manter a indagação "Meu irmão entendeu?" deve-se ao fato de ser uma expressão característica do autor espiritual, utilizada quando quer demonstrar interesse e carinho. Aqui, de fato, ele está especialmente preocupado em certificar-se de que seu interlocutor pôde compreendê-lo.

TANATOLOGIA | A HIPÓTESE DOS SERES *ENTRANTES* | PRIMEIRA MORTE E SEGUNDA MORTE

A MORTE
E O MORRER

103. *Há uma hipótese muito controvertida quanto à tanatologia*[34] *no meio espiritualista, a respeito dos chamados* entrantes. *Segundo essa teoria, na idade adulta do corpo há uma troca de espíritos, uma vez que o ser entrante não necessitaria passar pela infância. Assim, o dono original do corpo desencarna ou abandona o veículo físico e um outro ser o assume, revezando com o primeiro dono na posse do corpo. Como o companheiro Joseph avalia essa tese?*

[34] Segundo o Dicionário Houaiss da língua portuguesa, *tanatologia* é definida como "teoria ou estudo científico sobre a morte, suas causas e fenômenos a ela relacionados" (*op. cit.*).

ACREDITAMOS QUE esse assunto é um dos mais complexos na área da tanatologia, principalmente em virtude das sérias controvérsias a que remete a referida hipótese. De acordo com o que postula tal teoria, por ocasião da ruptura do cordão de prata — isto é, na primeira morte, a física —, um desencarnado emenda-se ao cordão e passa a utilizar o corpo físico e o duplo etérico ou parte dele, além de assumir as próprias lembranças do outro espírito, que abandonou o corpo em caráter definitivo. Ocorreria, nesse caso, uma substituição ou transição no comando do corpo e, por conseguinte, do cérebro, que continuaria vivendo, porém sob o império de nova consciência.

Acreditamos que seriíssimas consequências seriam derivadas de tal quadro. Primeiramente, o novo espírito, o chamado entrante, ao alocar-se no corpo emprestado, por assim dizer, estaria praticando uma espécie de antropofagia ou canibalismo ao utilizar o equipamento fisiológico descartado por outro ser, que já o considera imprestável para a sua experiência reencarnatória.

Além desse fator ético que envolve o caso, convém observar que a consciência do espírito que abandona o corpo físico nem sempre o faz imediatamente após a ruptura do cordão de prata, podendo esse espírito ficar algum tempo ligado aos despojos carnais, o que implicaria uma coabitação do corpo. Isso, por si só, já é algo impraticável.

Em terceiro lugar, outras indagações de ordem mais moral e transcendente entrariam no rol dos questionamentos, caso fosse confirmada tal hipótese. Talvez o maior exemplo sejam as experiências da infância e da juventude, que contribuem sensivelmente para o crescimento do ser, auxiliando o espírito a desenvolver inumeráveis fatores e aptidões nos primeiros momentos da vida social, relativos ao caráter e à eliminação dos percalços de existências transatas. Na hipótese aventada, o espírito que se apossa do corpo físico adulto não passaria por tais experiências, tão necessárias ao progresso individual.

Sob nossa ótica, ainda distante da verdadeira sabedoria, desconhecemos que haja casos assim ocorrendo ou que sequer tenham ocorrido na história do mundo.

104. Ainda sobre a mesma questão. Certos relatos da história oriental chegam a catalogar pessoas que seriam seres entrantes; alguns registros alegam compromissos muito importantes a realizar como justificativa para a necessidade de emendar o cordão de prata, a fim de dar continuidade à vida do espírito que seria o novo habitante do corpo físico emprestado. Poderia alongar-se mais a respeito do assunto?

CONHEÇO PARTICULARMENTE o assunto por haver-me dedicado ao estudo de certos casos, alguns dos quais relatados pela literatura. Seres como Cyril Henry Hoskin [1910–1981] — autor inglês conhecido como Lobsang Rampa — e o vanguardista russo Wassily Kandinsky [1866–1944] são considerados, pelos defensores da hipótese, célebres entrantes, além do próprio Jesus, que, segundo esses mesmos estudiosos, teria realizado a operação de *entrada* no corpo de outro ser a partir do batismo a que se submeteu no Rio Jordão.

Sem pretender analisar aqui a vida do nosso Mestre — que, para nós, permanece como modelo idealizador de todas as nossas sublimes aspirações —, acreditamos pessoalmente que as demais personalidades, por mais respeitáveis que sejam, provavelmente poderiam ser catalogadas como casos de possessão, sendo essa a hipótese mais racional e viável para explicar a estranha mudança de comportamento de tais indivíduos. Além disso, a ciência terrena, no campo da psiquiatria, desenvolve importantes estudos ao abordar temas intrigantes como *dupla personalidade* e as chamadas *personalidades secundárias,* que muito auxiliariam na compreensão de fatos semelhantes. Como estudioso da ciência do espírito, pessoalmente, não compartilho da hipótese dos seres entrantes, embora respeite a soberania do direito de meus irmãos de defendê-la.

105. O companheiro Joseph poderia falar a respeito da chamada segunda morte?

SEGUNDO NOSSAS observações e estudos, além de nossas deduções a respeito do assunto levantado por meus irmãos, posso afirmar que a segunda morte, sob o ponto de vista dos espíritos da dimensão na qual me encontro, representa o descarte e desativação do duplo etérico, em caráter mais ou menos definitivo, e a diluição do corpo perispiritual, o que deixa o espírito totalmente de posse do corpo mental, em sua plenitude e de forma mais definitiva. De acordo com essa definição, a segunda morte propicia a retirada de qualquer resquício do duplo, de seus elos com o psicossoma, bem como a desativação das auras do duplo e do perispírito, ficando o ser apenas de posse dos corpos de ordem superior. Também podemos considerar que a segunda morte seria como que uma depuração do ser de todas as emanações ectoplasmáticas aderidas ou originadas nos corpos inferiores.

Tomar posse do corpo mental é, nessa ótica, o ser se elevar à condição de espírito mais adiantado, pois que se dá, nessa ocasião, o descarte do perispírito ou psicossoma, que é reabsorvido pelo corpo mental. A nova etapa em que adentra o espírito a partir da chamada segunda morte assinala a extinção das etapas reencarnatórias inferiores, das migrações constantes entre a esfera física e a extrafísica através dos fenômenos de nascimento e morte, tão corriqueiros no estágio atual dos espíritos vinculados ao planeta Terra.

De outro lado, também consideramos outro tipo de segunda morte em nossos estudos. Trata-se do caso de seres que perdem a conformação de perispírito *por inibição da forma*, o que se dá quando se cristalizam no ódio e na culpa, permanecendo indefinidamente como prisioneiros de si mesmos. É doloroso processo que redunda em sua transformação em ovoides.[35]

106. Poderia dar maior esclarecimento quanto à morte, ou às mortes, e qual significado têm para o espírito eterno tais experiências?

PODEMOS CONSIDERAR, sob o ponto de vista dos espíritos de nossa esfera de ação, que a experiência reencarnatória é

[35] O livro *Senhores da escuridão* aborda em profundidade o processo de ovoidização (PINHEIRO, Robson. Contagem, MG: Casa dos Espíritos, 2008, caps. 3, 5 e 6). Para referências anteriores ao assunto, sugere-se consultar André Luiz (XAVIER. Pelo espírito André Luiz. *Libertação*. Rio de Janeiro, RJ: FEB, 1949, cap. 7. Idem, *Evolução em dois mundos*, 1958, p. 175, 215 *passim*).

algo como a condensação das energias sublimes do espírito, e a desencarnação, uma evaporação ou desativação progressiva dos veículos mais densos. De acordo com essa ótica, a morte poderia ser catalogada como ruptura e descarte de veículos ou corpos de manifestação desnecessários, ainda que temporariamente, em função de uma nova etapa que o ser adentra no processo evolutivo individual. Pelo menos no planeta Terra, podemos afirmar que o descarte dos somas mais densos através da morte — tanto do corpo físico quanto do duplo etérico — é algo definitivo, fato este que torna impossível a reativação de tais veículos após o descarte final por parte do ser que dele usufruiu.

Embora o incômodo próprio dessa ocorrência, isto é, do descarte do corpo físico ou da morte biológica, não podemos ignorar que a chamada primeira morte, a do corpo, por mais incômoda que possa parecer aos seres que a experimentam, é um dos mais importantes eventos na vida do espírito. Isso porque, nos fenômenos de impacto vibratório como a morte física, ocorrem estados de choque e o inevitável enfrentamento de questões transcendentais muitíssimo importantes para a futura relação do espírito com os seus veículos superiores de manifestação.

107. Há alguma analogia entre a morte do corpo mais

denso e o descarte do corpo perispiritual, seguido da natural posse do corpo mental? Como os espíritos comparam esses dois estágios, traçando um paralelo entre a primeira e a segunda mortes?

AINDA RESPONDEREI aos meus irmãos sob a ótica de alguém que está na posição de pesquisador e estudioso da ciência do espírito. Contando com a compreensão de meus irmãos, é correto dizer que a morte do corpo físico, para nós ainda vinculados ao planeta Terra, é o fator mais desconcertante entre as experiências que podem ser vividas por seres de nossa pequenez espiritual. Além disso, a defasagem do ambiente extrafísico em relação ao ambiente físico, recentemente deixado para trás, faz com que certos processos internos eclodam no ser, causando-lhe reflexões profundas e necessárias ao engrandecimento.

Posso afirmar[36] que a diferença ou o descompasso entre

[36] É interessante notar a cautela que Joseph Gleber demonstra ao responder indagações que enfocam opiniões sobre a realidade, e não apenas descrição, como se observa, principalmente, nas questões 34 a 37. Isso fica ainda mais patente neste ponto, em que ele emprega a primeira pessoa do singular na escrita, indicando, talvez, que o tema pode não ser consensual nem ao menos entre os espíritos habitantes de sua dimensão. Respeito às diferenças e à pluralidade de pontos de

os ambientes físico e extrafísico, onde transitam os espíritos pelo processo da desencarnação ou descarte da parte biológica, é muito acentuada: ocorre numa proporção relativa de um por milhões. Por outro lado, a diferença entre o ambiente extrafísico e a vivência nos planos mentais, por ocasião da segunda morte, é mais sutil, apresentando uma proporção de um por milhares, ao se comparar o impacto que cada uma das mortes provoca e as distinções entre tais ambientes, onde se dá a vida e a locomoção dos seres em evolução.

Na ocorrência da morte biológica, há o fenômeno da ruptura definitiva do *cordão de prata*, que liga o perispírito aos corpos físico e etérico; por ocasião da segunda morte, dá-se a ruptura do chamado *cordão de ouro*,[37] que liga o corpo mental ao psicossoma ou perispírito. Em qualquer dos casos, seja na primeira ou na segunda morte, há a necessidade de uma assistência extrafísica de entidades superiores especialis-

vista, sem abdicar de suas convicções — eis uma atitude admirável e honesta, de verdadeira fraternidade, que desmonta a crença comum de que ser espírito superior significa identidade plena com seus pares, e de que, para haver harmonia, é preciso abster-se das singularidades.

[37] O autor espiritual dedica-se ao exame do cordão de ouro em seu livro anterior, *Além da matéria* (*op. cit.*).

tas nesses processos de descarte ou, como chamariam meus irmãos em relação aos corpos físicos, de desencarnação.

APÊNDICE À 2ª EDIÇÃO REVISTA

pelo espírito Ângelo Inácio

O ESPÍRITO JOSEPH GLEBER utilizou, em grande parte das vezes, de saber pessoal ao responder às perguntas que lhe foram endereçadas. Outras vezes, valeu-se de conhecimentos já estruturados por outras consciências extrafísicas, traduzindo-os com suas palavras, a fim de explicar as questões que lhe foram apresentadas.

Nada a estranhar nesse aspecto, tendo em vista o critério científico espírita por excelência — a universalidade do ensino dos espíritos: a "melhor garantia de que um princípio é a expressão da verdade se encontra em ser ensinado e revelado por diferentes Espíritos, com o concurso de médiuns diversos, desconhecidos uns dos outros e em lugares vários, e em ser, ao demais, confirmado pela razão e sancionado pela adesão do maior número".[38]

No receituário mediúnico ou orientação espiritual por meio da psicografia, notamos o hábito de Joseph Gleber de facilitar a comunicação com o consulente ao indicar o estudo de determinado livro ou de inúmeros autores, em vez de escrever detalhadamente o que pretende dizer. Como regra, recorre a algum conselho, ensinamento ou conhecimento já escrito, registrado e elaborado por outro espírito e o apresenta ao consulente, desde que sirva para o objetivo que tem em mente, isto é: o esclarecimento do indivíduo.

Nos livros psicografados, o autor espiritual também lança mão dessa característica e introduz o conhecimento de outros autores como forma sutil de mostrar ao interlocutor que aquilo que pergunta já foi respondido, escrito ou até mesmo dito por alguém, e que cabe a ele, interlocutor e leitor, sair da comodidade e pesquisar mais, sem se ater à dependência doentia de espíritos esclarecidos para elucidar acerca de toda e qualquer dúvida. Com isso, pretende ainda valorizar o que já foi elaborado por outros espíritos encarnados — ou não — e levar o estudioso a informar-se, ler, questionar e duvidar até,

[38] KARDEC. *O livro dos médiuns, op. cit.*, cap. 31, item 28, p. 564.

como bem expôs na introdução de seu *Além da matéria*.

Desse modo, o leitor de Joseph poderá encontrar em suas palavras pensamentos iguais ou semelhantes — no fundo ou na forma — aos de outros autores, nos quais o próprio espírito confia ou os quais avaliza, conforme o assunto tratado. Com o intuito de incentivar o estudo, bem como de indicar tais fontes, apresentamos alguns nomes de pessoas e instituições cujo ensinamento Joseph Gleber aprecia, ao todo ou em parte:

Associação Internacional do Centro de Altos Estudos da Conscienciologia;

Annie Besant;

Fritjof Capra;

Pietro Ubaldi;

Zecharia Sitchin.

Além desses nomes, há outros com que, ao longo do tempo, o autor espiritual desenvolveu certa identidade de pensamento ou mesmo chegou a inspirar tais indivíduos como mentor de suas ideias.

A seguir, listam-se instituições e autores que, em alguma medida, abordam temas relatados neste livro, cujos pensamentos estão mais ou menos em sintonia com o enfoque apresentado por Joseph Gleber, além de referências bibliográficas específicas, que visam corroborar afirmativas feitas ao longo da obra:

Associação de Terapeutas em Técnicas Regressivas;

Instituto Internacional de Projeciologia e Conscienciologia (IIPC);

Instituto Nacional de Terapia Regressiva a Vivências Passadas (INTVP);

Sociedade Brasileira de Terapia de Vida Passada;

Elaine Gubeissi de Lucca;

Helena Blavatsky;

Maria Júlia Peres;

Lívio Vinardi;

Morris Netherton;

Ney Prieto Peres;

Rupert Sheldrake;

Waldo Vieira.

REFERÊNCIAS BIBLIOGRÁFICAS

FRANCO, Divaldo Pereira. Pelo espírito Vianna de Carvalho. *Atualidade do Pensamento Espírita*. Salvador, BA: Leal, 1999. Item 63.

MAIA, João Nunes. Pelo espírito Miramez. *Horizontes damente*. 11ª ed. Belo Horizonte, MG: Fonte Viva, 1997.

PEIXOTO, Norberto. Pelo espírito Ramatis. *Vozes de Aruanda*. Limeira, SP: Conhecimento, 2005.

PIRES, J. Herculano. *O centro espírita*. 4ª ed. São Paulo, SP:

Lake, 1992. Cap. 12, p. 105.

VIEIRA, Waldo. *Projeções da consciência.* 7ª ed. Foz do Iguaçu, PR: Editares, 2005.

BIBLIOGRAFIA DAS NOTAS

AKSAKOF, Alexandre. *Animismo e espiritismo*. Rio de Janeiro, RJ: FEB, s. d., 2 vol.

ANDRADE, Hernani Guimarães. *Psi-quântico*. São Paulo, SP: Pensamento, 1986.

DICIONÁRIO *Houaiss da língua portuguesa*. Rio de Janeiro, RJ: Objetiva, 2004.

GREENE, Brian. *O universo elegante: supercordas, dimensões ocultas e a busca da teoria definitiva*. São Paulo, SP: Cia. das Letras, 2001.

JUNG, Carl Gustav. *A dinâmica do inconsciente*. In: *Obras completas de Jung*, vol. 8. Petrópolis, RJ: Vozes, 1984.

KARDEC, Allan. *Instrução prática sobre as manifestações espíritas*. Rio de Janeiro, RJ: FEB, 2005. (Tradução de Evandro Noleto Bezerra.)

_____. *O livro dos espíritos*. Rio de Janeiro, RJ: FEB, 2002. (Tradução de Guillon Ribeiro.)

_____. *O livro dos médiuns ou guia dos médiuns e evocadores*. 71ª ed. Rio de Janeiro, RJ: FEB, 2003. (Tradução de Guillon Ribeiro.)

MIRANDA, Hermínio. *Diversidade dos carismas*. Bragança Paulista, SP: Lachâtre, 2006.

PINHEIRO, Robson. Pelo espírito Ângelo Inácio. *Aruanda:*

magia negra, elementais, pretos-velhos e caboclos sob a ótica espírita. Contagem, MG: Casa dos Espíritos, 2004.

_____. Pelo espírito Ângelo Inácio. *Legião: um olhar sobre o reino das sombras*. Contagem, MG: Casa dos Espíritos, 2006.

_____. Pelo espírito Ângelo Inácio. *Senhores da escuridão*. Contagem, MG: Casa dos Espíritos, 2008.

_____. Pelo espírito Joseph Gleber. *Além da matéria: uma ponte entre ciência e espiritualidade*. Contagem, MG: Casa dos Espíritos, 2003.

_____. Pelo espírito Joseph Gleber. *Medicina da alma*. 2ª ed. Contagem, MG: Casa dos Espíritos, 2007.

XAVIER, Francisco Cândido. Pelo espírito André Luiz. *Evolução em dois mundos*. Rio de Janeiro, RJ: FEB, 1958.

_____. Pelo espírito André Luiz. *Libertação*. Rio de Janeiro, RJ: FEB, 1949.

_____. Pelo espírito André Luiz. *Nosso lar*. Rio de Janeiro, RJ: FEB, 1943.

_____. Pelo espírito André Luiz. *Os mensageiros*. Rio de Janeiro, RJ: FEB, 1944.

ÍNDICE REMISSIVO

+ publicações

Tambores de Angola | *Coleção Segredos de Aruanda, vol. 1*

A origem histórica da umbanda e do espiritismo

Robson Pinheiro *pelo espírito Ângelo Inácio*

Uma visita a bases das trevas e a uma agência de vinganças do umbral. Conhecerá magnetismo como poderosa ferramenta para desequilibrar consciências e observará o trabalho redentor dos espíritos – índios, negros, soldados, médicos – e de médiuns que enfrentam o mal com determinação e coragem. A primeira obra espírita a mostrar a origem histórica e as diferenças entre umbanda e espiritismo, respeitosamente.

ISBN: 978-85-87781-21-5 • ROMANCE MEDIÚNICO • 1998 • 256 PÁGS. • BROCHURA • 14 X 21CM

Aruanda | *Coleção Segredos de Aruanda, vol. 2*

Um romance espírita sobre pais-velhos, elementais e caboclos

Robson Pinheiro *pelo espírito Ângelo Inácio*

Por que as figuras do negro e do indígena – pretos-velhos e caboclos –, tão presentes na história brasileira, incitam controvérsia no meio espírita e espiritualista? Compreenda os acontecimentos que deram origem à umbanda, sob a ótica espírita. Conheça a jornada de espíritos superiores para mostrar, acima de tudo, que há uma só bandeira: a do amor e da fraternidade.

ISBN: 978-85-99818-11-4 • ROMANCE MEDIÚNICO • 2004 • 245 PÁGS. • BROCHURA • 16 X 23CM

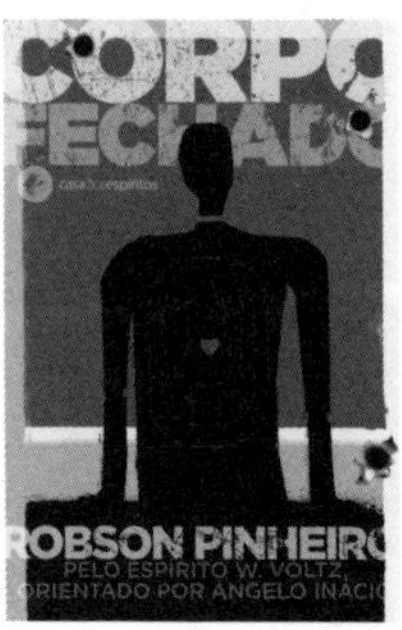

Corpo fechado | *Coleção Segredos de Aruanda, vol. 3*

Robson Pinheiro *pelo espírito W. Voltz, orientado pelo espírito Ângelo Inácio*

Reza forte, espada-de-são-jorge, mandingas e patuás. Onde está a linha divisória entre verdade e fantasia? Campos de força determinam a segurança energética. Ou será a postura íntima? Diante de tantas indagações, crenças e superstições, o espírito Pai João devassa o universo interior dos filhos que o procuram, apresentando casos que mostram incoerências na busca por proteção espiritual.

ISBN: 978-85-87781-34-5 • ROMANCE MEDIÚNICO • 2009 • 303 PÁGS. • BROCHURA • 16 X 23CM

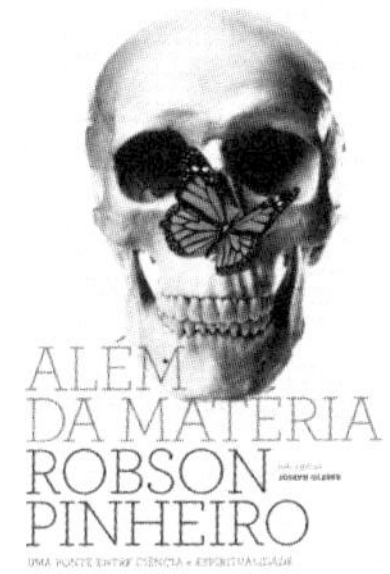

Além da matéria

Uma ponte entre ciência e espiritualidade

Robson Pinheiro *pelo espírito Joseph Gleber*

Exercitar a mente, alimentar a alma. *Além da matéria* é uma obra que une o conhecimento espírita à ciência contemporânea. Um tratado sobre a influência dos estados energéticos em seu bem-estar, que lhe trará maior entendimento sobre sua própria saúde. Físico nuclear e médico que viveu na Alemanha, o espírito Joseph Gleber apresenta mais uma fonte de autoconhecimento e reflexão.

ISBN: 978-85-99818-13-8 • SAÚDE E MEDIUNIDADE • 2003/2011 • 320 PÁGS. • BROCHURA • 16 X 23CM

Medicina da alma

Saúde e medicina na visão espírita

Robson Pinheiro *pelo espírito Joseph Gleber*

Com a experiência de quem foi físico nuclear e médico, o espírito Joseph Gleber, desencarnado no Holocausto e hoje atuante no espiritismo brasileiro, disserta sobre a saúde segundo o paradigma holístico, enfocando o ser humano na sua integralidade. Edição revista e ampliada, totalmente em cores, com ilustrações inéditas, em comemoração aos 150 anos do espiritismo [1857-2007].

ISBN: 978-85-87781-25-3 • SAÚDE E MEDIUNIDADE • 1997 • 254 PÁGS.
CAPA DURA E EM CORES • 17 X 24CM

Consciência

Em mediunidade, você precisa saber o que está fazendo

Robson Pinheiro *pelo espírito Joseph Gleber*

Já pensou entrevistar um espírito a fim de saciar a sede de conhecimento sobre mediunidade? Nós pensamos. Mais do que saciar, Joseph Gleber instiga ao tratar de materialização, corpo mental, obsessões complexas e apometria, além de animismo – a influência da alma do médium na comunicação –, que é dos grandes tabus da atualidade.

ISBN: 978-85-99818-06-0 • SAÚDE E MEDIUNIDADE • 2007 • 288 PÁGS. • BROCHURA • 16 X 23CM

O FIM DA ESCURIDÃO | *Série Crônicas da Terra, vol. 1*
REURBANIZAÇÕES EXTRAFÍSICAS
ROBSON PINHEIRO *pelo espírito Ângelo Inácio*

Os espíritos milenares que se opõem à política divina do Cordeiro – do *amai-vos uns aos outros* – enfrentam neste exato momento o fim de seu tempo na Terra. É o sinal de que o juízo se aproxima, com o desterro daquelas almas que não querem trabalhar por um mundo baseado na ética, no respeito e na fraternidade.

ISBN: 978-85-99818-21-3 • ROMANCE MEDIÚNICO • 2012 • 400 PÁGS. • BROCHURA • 16 X 23CM

MAGOS NEGROS
MAGIA E FEITIÇARIA SOB A ÓTICA ESPÍRITA
ROBSON PINHEIRO *pelo espírito Pai João de Aruanda*

O Evangelho conta que Jesus amaldiçoou uma figueira, que dias depois secou até a raiz. Por qual razão a personificação do amor teria feito isso? Você acredita em feitiçaria? – eis a pergunta comum. Mas será a pergunta certa? Pai João de Aruanda, pai-velho, ex-escravo e líder de terreiro, desvenda os mistérios da feitiçaria e da magia negra, do ponto de vista espírita.

ISBN: 978-85-99818-10-7 • AUTOCONHECIMENTO • 2011 • 394 PÁGS. • CAPA DURA • 16 X 23CM

TRILOGIA O REINO DAS SOMBRAS | *Edição definitiva*
ROBSON PINHEIRO *pelo espírito Ângelo Inácio*

As sombras exercem certo fascínio, retratado no universo da ficção pela beleza e juventude eterna dos vampiros, por exemplo. Mas e na vida real? Conheça a saga dos guardiões, agentes da justiça que representam a administração planetária. Edição de luxo acondicionada em lata especial. Acompanha entrevista com Robson Pinheiro, em CD inédito, sobre a trilogia que já vendeu 200 mil exemplares.

ISBN: 978-85-99818-15-2 • ROMANCE MEDIÚNICO • 2011 • LATA COM *LEGIÃO, SENHORES DA ESCURIDÃO, A MARCA DA BESTA* E CD CONTENDO ENTREVISTA COM O AUTOR • 16 X 23CM

Legião | *Trilogia O Reino das Sombras, vol. 1*
Um olhar sobre o reino das sombras
Robson Pinheiro *pelo espírito Ângelo Inácio*

Veja de perto as atividades dos representantes das trevas, visitando as regiões subcrustais na companhia do autor espiritual. Sob o comando dos dragões, espíritos milenares e voltados para o mal, magos negros desenvolvem sua atividade febril, organizando investidas contra as obras da humanidade. Saiba como os guardiões enfrentam esses e outros personagens reais e ativos no mundo astral.

ISBN: 978-85-99818-19-0 • ROMANCE MEDIÚNICO • 2006 • 502 PÁGS. • BROCHURA • 14 X 21CM

Senhores da escuridão | *Trilogia O Reino das Sombras, vol. 2*
Robson Pinheiro *pelo espírito Ângelo Inácio*

Das profundezas extrafísicas, surge um sistema de vida que se opõe às obras da civilização e à política do Cordeiro. Cientistas das sombras querem promover o caos social e ecológico para, em meio às guerras e à poluição, criar condições de os senhores da escuridão emergirem da subcrosta e conduzirem o destino das nações. Os guardiões têm de impedi-los, mas não sem antes investigar sua estratégia.

ISBN: 978-85-87781-31-4 • ROMANCE MEDIÚNICO • 2008 • 676 PÁGS. • BROCHURA • 14 X 21CM

A marca da besta | *Trilogia O Reino das Sombras, vol. 3*
Robson Pinheiro *pelo espírito Ângelo Inácio*

Se você tem coragem, olhe ao redor: chegaram os tempos do fim. Não o famigerado fim do mundo, mas o fim de um tempo – para os dragões, para o império da maldade. E o início de outro, para construir a fraternidade e a ética.
Um romance, um testemunho de fé, que revela a força dos guardiões, emissários do Cordeiro que detêm a propagação do mal. Quer se juntar a esse exército? A batalha já começou.

ISBN: 978-85-99818-08-4 • ROMANCE MEDIÚNICO • 2010 • 640 PÁGS. • BROCHURA • 14 X 21CM

A força eterna do amor
Robson Pinheiro *pelo espírito Teresa de Calcutá*

"O senhor não daria banho em um leproso nem por um milhão de dólares? Eu também não. Só por amor se pode dar banho em um leproso". Cidadã do mundo, grande missionária, Nobel da Paz, figura inspiradora e controvertida. Desconcertante, veraz, emocionante: esta é Teresa. Se você a conhece, vai gostar de saber o que pensa; se ainda não, prepare-se, pois vai se apaixonar. Pela vida.

ISBN: 978-85-87781-38-3 • AUTOCONHECIMENTO • 2009 • 318 PÁGS. • BROCHURA • 16 X 23CM

Pelas ruas de calcutá
Robson Pinheiro *pelo espírito Teresa de Calcutá*

"Não são palavras delicadas nem, tampouco, a repetição daquilo que você deseja ouvir. Falo para incomodar". E é assim, presumindo inteligência no leitor, mas também acomodação, que Teresa retoma o jeito contundente e controvertido e não poupa a prática cristã de ninguém, nem a dela. Duvido que você possa terminar a leitura de *Pelas ruas de Calcutá* e permanecer o mesmo.

ISBN: 978-85-99818-23-7 • AUTOCONHECIMENTO • 2012 • 368 PÁGS. • BROCHURA • 16 X 23CM

Mulheres do Evangelho
e outros personagens transformados pelo encontro com Jesus
Robson Pinheiro *pelo espírito Estêvão*

A saga daqueles que tiveram suas vidas transformadas pelo encontro com Jesus, contadas por quem viveu na Judeia dos tempos do Mestre. O espírito Estêvão revela detalhes de diversas histórias do Evangelho, narrando o antes, o depois e o que mais o texto bíblico omitiu a respeito da vida de personagens que cruzaram os caminhos do Rabi da Galileia.

ISBN: 978-85-87781-17-8 • JESUS E O EVANGELHO • 2005 • 208 PÁGS. • BROCHURA • 14 X 21CM

Encontro com a vida

Uma jovem. Muitas vidas. Um encontro

Robson Pinheiro *pelo espírito Ângelo Inácio*

Uma história de fé: na vida, na força de recomeçar, no poder que a oração sentida tem de ultrapassar barreiras religiosas ou de qualquer natureza. Conheça Joana Gomides, que emerge das drogas com a ajuda dos espíritos e o fervor sincero de sua mãe numa igreja evangélica.

ISBN: 978-85-87781-20-8 • ROMANCE MEDIÚNICO • 2001 • 278 PÁGS. • BROCHURA • 14 X 21CM

Canção da esperança

Diário de um jovem que viveu com aids

Robson Pinheiro *pelo espírito Franklim*

O depoimento de um jovem que viveu com aids e suas descobertas ao chegar ao plano espiritual. A visita à Crosta e a atuação junto aos encarnados, inclusive num caso de implante de larvas astrais no corpo espiritual. Uma narrativa cheia de otimismo, que ajudará você a encontrar mais sentido na vida. Prefácio pelas mãos de Chico Xavier.

ISBN: 978-85-87781-03-1 • ROMANCE MEDIÚNICO • 1995/2002 • 230 PÁGS. • BROCHURA • 14 X 21CM

Sob a luz do luar

Uma mãe numa jornada pelo mundo espiritual

Robson Pinheiro *pelo espírito de sua mãe Everilda Batista*

Um clássico reeditado, agora em nova edição revista. Assim como a Lua, Everilda Batista ilumina as noites em ajuda às almas necessitadas e em desalento. Participando de caravanas espirituais de auxílio, mostra que o aprendizado é contínuo, mesmo depois desta vida. Ensina que amar e servir são, em si, as maiores recompensas da alma. E que isso é a verdadeira evolução.

ISBN: 978-85-87781-35-2 • ROMANCE MEDIÚNICO • 1998 • 264 PÁGS. • BROCHURA • 14 X 21CM

Negro

Robson Pinheiro *pelo espírito Pai João de Aruanda*

A mesma palavra para duas realidades diferentes. Negro. De um lado, a escuridão, a negação da luz e até o estigma racial. De outro, o gingado, o saber de um povo, a riqueza de uma cultura e a história de uma gente. Em Pai João, a sabedoria é negra, porque nascida do cativeiro; a alma é negra, porque humana – mistura de bem e mal. As palavras e as lições de um negro-velho, em branco e preto.

ISBN: 978-85-99818-14-5 • AUTOCONHECIMENTO • 2011 • 256 PÁGS. • CAPA DURA • 16 X 23CM

Sabedoria de preto-velho

Reflexões para a libertação da consciência

Robson Pinheiro *pelo espírito Pai João de Aruanda*

Ainda se escutam os tambores ecoando em sua alma; ainda se notam as marcas das correntes em seus punhos. Sinais de sabedoria de quem soube aproveitar as lições do cativeiro e elevar-se nas asas da fé e da esperança. Pensamentos, estórias, cantigas e conselhos na palavra simples de um pai-velho. Experimente sabedoria, experimente Pai João de Aruanda.

ISBN: 978-85-99818-05-3 • AUTOCONHECIMENTO • 2003 • 187 PÁGS. • BROCHURA COM ACABAMENTO EM ACETATO • 16 X 23CM

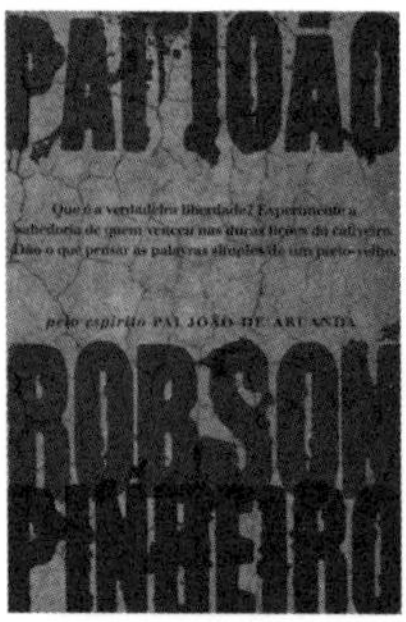

Pai João

Libertação do cativeiro da alma

Robson Pinheiro *pelo espírito Pai João de Aruanda*

Estamos preparados para abraçar o diferente? Qual a sua disposição real para escolher a companhia daquele que não comunga os mesmos ideais que você e com ele desenvolver uma relação proveitosa e pacífica? Se sente a necessidade de empreender tais mudanças, matricule-se na escola de Pai João. E venha aprender a verdadeira fraternidade. Dão o que pensar as palavras simples de um preto-velho.

ISBN: 978-85-87781-37-6 • AUTOCONHECIMENTO • 2005 • 256 PÁGS. • BROCHURA COM CAIXA • 16 X 23CM

Você com você
Marcos Leão *pelo espírito Calunga*

Palavras dinâmicas, que orientam sem pressionar, que incitam à mudança sem engessar nem condenar, que iluminam sem cegar. Deixam o gosto de uma boa conversa entre amigos, um bate-papo recheado de humor e cheiro de coisa nova no ar. Calunga é sinônimo de irreverência, originalidade e descontração.

ISBN: 978-85-99818-20-6 • AUTOAJUDA • 2011 • 176 PÁGS. • CAPA FLEXÍVEL • 16 X 23CM

O próximo minuto
Robson Pinheiro *pelo espírito Ângelo Inácio*

Um grito em favor da liberdade, um convite a rever valores, a assumir um ponto de vista diferente, sem preconceitos nem imposições, sobretudo em matéria de sexualidade. Este é um livro dirigido a todos os gêneros. Principalmente àqueles que estão preparados para ver espiritualidade em todo comportamento humano. É um livro escrito com coração, sensibilidade, respeito e cor. Com todas as cores do arco-íris.

ISBN: 978-85-99818-24-4 • ROMANCE MEDIÚNICO • 2012 • 473 PÁGS. • BROCHURA • 16 X 23CM

Faz parte do meu show
A trajetória de um artista em busca de si mesmo
Robson Pinheiro *orientado pelo espírito Ângelo Inácio*

Um livro que fala de coragem, de arte, de música da alma, da alma do rock e do rock das almas. Deixe-se encantar por quem encantou multidões. Rebeldia somada a sexo, drogas e muito *rock'n'roll* identificam as pegadas de um artista que curtiu a vida do seu jeito: como podia e como sabia. Orientado pelo autor de *A marca da besta*.

ISBN: 978-85-99818-07-7 • ROMANCE MEDIÚNICO • 2004/2010 • 181 PÁGS. • BROCHURA • 14 X 21CM

Apocalipse

Uma interpretação espírita das profecias

Robson Pinheiro *pelo espírito Estêvão*

O livro profético como você nunca viu. O significado das profecias contidas no livro mais temido e incompreendido do Novo Testamento, analisado de acordo com a ótica otimista que as lentes da doutrina espírita proporcionam. O autor desconstrói as imagens atemorizantes das metáforas bíblicas e as decodifica.

ISBN: 978-85-87781-16-1 • JESUS E O EVANGELHO • 1997 • 272 PÁGS. • BROCHURA • 16 X 23CM

Crepúsculo dos deuses

Um romance histórico sobre a vinda dos habitantes de Capela para a Terra

Robson Pinheiro *pelo espírito Ângelo Inácio*

Extraterrestres em visita à Terra e a vida dos habitantes de Capela ontem e hoje. A origem dos dragões – espíritos milenares devotados ao mal –, que guarda ligação com acontecimentos que se perdem na eternidade. Um romance histórico que mistura CIA, FBI, ações terroristas e lhe coloca frente a frente com o iminente êxodo planetário: o juízo já começou.

ISBN: 978-85-99818-09-1 • ROMANCE MEDIÚNICO • 2002 • 403 PÁGS. • BROCHURA • 16 X 23CM

Energia

Novas dimensões da bioenergética humana

Robson Pinheiro *sob orientação dos espíritos Joseph Gleber, André Luiz e José Grosso*

Numa linguagem clara e direta, o médium Robson Pinheiro faz uso de sua experiência de mais de 25 anos como terapeuta holístico para ampliar a visão acerca da saúde plena, necessariamente associada ao conhecimento da realidade energética. Anexo com exercícios práticos de revitalização energética, ilustrados passo a passo.

ISBN: 978-85-99818-02-2 • SAÚDE E MEDIUNIDADE • 2008 • 238 PÁGS. • BROCHURA • 16 X 23CM

Serenidade

Robson Pinheiro *pelo espírito Alex Zarthú*

Já se disse que a elevação de um espírito se percebe no pouco que fala e no quanto diz. Se é assim, Zarthú é capaz de pôr em xeque nossa visão de mundo sem confrontá-la; consegue despertar a reflexão e a mudança em poucos e leves parágrafos, em uma ou duas páginas. Venha conquistar a serenidade.

ISBN: 978-85-99818-27-5 • AUTOCONHECIMENTO • 1999/2013 • 176 PÁGS. • BROCHURA • 17 x 24CM

Superando os desafios íntimos

A necessidade de transformação interior

Robson Pinheiro *pelo espírito Alex Zarthú*

No corre-corre das cidades, a angústia e a ansiedade tornaram-se tão comuns que parecem normais, como se fossem parte da vida humana na era da informação; quem sabe um preço a pagar pelas comodidades que os antigos não tinham? A serenidade e o equilíbrio das emoções são artigos de luxo, que pertencem ao passado. Essa é a realidade que temos de engolir? É hora de superar desafios íntimos.

ISBN: 978-85-87781-24-6 • AUTOCONHECIMENTO • 2000 • 200 PÁGS. • BROCHURA COM SOBRECAPA EM PAPEL VEGETAL COLORIDO • 14 X 21CM

Os dois lados do espelho

Robson Pinheiro *pelo espírito de sua mãe Everilda Batista*

Às vezes, o contrário pode ser certo. Questione, duvide, reflita. Amplie a visão sobre a vida e sobre sua evolução espiritual. Aceite enganos, trabalhe fraquezas. Não desvie o olhar de si mesmo. Descubra seu verdadeiro reflexo, dos dois lados do espelho. Everilda Batista, pelas mãos de seu filho Robson Pinheiro. Lições da mãe e da mulher, do espírito e da serva do Senhor. Uma amiga, uma professora nos dá as mãos e nos convida a pensar.

ISBN: 978-85-99818-22-0 • AUTOCONHECIMENTO • 2004/2012 • 208 PÁGS. • BROCHURA • 16 X 23CM

Os espíritos em minha vida
Robson Pinheiro *editado por Leonardo Möller*

Relacionar-se com os espíritos. Isso é mediunidade, muito mais do que simples fenômenos. A trajetória de um médium e sua sintonia com os Imortais. As histórias, as experiências e os espíritos na vida de Robson Pinheiro. Inclui CD: os espíritos falam na voz de Robson Pinheiro: Joseph Gleber, José Grosso, Palminha, Pai João de Aruanda, Zezinho e Exu Veludo.

ISBN: 978-85-87781-32-1 • MEMÓRIAS • 2008 • 380 PÁGS. • BROCHURA • 16 X 23CM

Cidade dos espíritos | *Trilogia Os Filhos da Luz, vol. 1*
Robson Pinheiro *pelo espírito Ângelo Inácio*

Onde habitam os Imortais, em que mundo vivem os guardiões da humanidade? É um sonho? Uma miragem? Não! É Aruanda, a cidade dos espíritos, onde orientadores evolutivos do mundo vivem, trabalham e, de lá, partem para amparar, socorrer, influenciando os destinos dos homens muito mais do que estes imaginam.

ISBN: 978-85-99818-25-1 • ROMANCE MEDIÚNICO • 2013 • 460 PÁGS. • BROCHURA • 16 X 23CM

Os guardiões | *Trilogia Os Filhos da Luz, vol. 2*
Robson Pinheiro *pelo espírito Ângelo Inácio*

Se a justiça é a força que impede a propagação do mal, há de ter seus agentes. Quem são os guardiões? A quem é confiada a responsabilidade de representar a ordem e a disciplina, de batalhar pela paz? Cidades espirituais tornam-se escolas que preparam cidadãos espirituais. Os umbrais se esvaziam; decretou-se o fim da escuridão. E você, como porá em prática sua convicção em dias melhores?

ISBN: 978-85-99818-28-2 • ROMANCE MEDIÚNICO • 2013 • 474 PÁGS. • BROCHURA • 16 X 23CM

Faça seu cadastro

Faça seu cadastro e fique por dentro da Casa dos Espíritos. Você será informado sobre últimos lançamentos, promoções e eventos da Editora, acompanhará a agenda dos autores e muito mais.

Basta preencher este formulário e enviá-lo por fax ou correio. Se preferir, acesse www.casadosespiritos.com e cadastre-se em nosso site ou mande um e-mail para editora@casadosespiritos.com.

Aproveite este espaço para sugerir, dar toques e apontar caminhos. Vale até reclamar – ou fazer um elogio! Sua contribuição será ouvida com a atenção que merece.

Nome ____

Logradouro ______________________ nº ______ compl.: ______

Bairro ______________________ Cidade ______________

Estado __________ CEP ______________ País ______________

Tel. ( ) ______________________ Nascimento ____/____/____

E-mail ____

casadosespíritos

Qual livro você acabou de ler?

____

____

E qual avaliação faz dele?

☐ Excelente ☐ Muito bom ☐ Bom ☐ Regular ☐ Ruim

Por quê?

____

____

Você é espírita? ☐ Sim ☐ Não

Frequenta alguma instituição? ☐ Sim ☐ Não

Se quiser cadastrá-la, anote aqui os dados da instituição:

Nome____________________________________

Logradouro__________________ nº_____ compl.:________

Bairro____________________ Cidade____________

Estado_______ CEP______________ País__________

Tel. ( )_________________________________

E-mail__________________________________

Se quiser fazer mais comentários,
escreva-nos: editora@casadosespiritos.com

casadosespíritos

Rua Floriano Peixoto, 438 | Contagem | MG | 32140-580 | Brasil
Tel./Fax (31) 3304 8300 | editora@casadosespiritos.com
www.casadosespiritos.com

Responsabilidade Social

A Casa dos Espíritos nasceu, na verdade, como um braço da Sociedade Espírita Everilda Batista, instituição beneficente situada em Contagem, MG. Alicerçada nos fundamentos da doutrina espírita, expostos nos livros de Allan Kardec, a Casa de Everilda sempre teve seu foco na divulgação das ideias espíritas, apresentando-as como caminho para libertar a consciência e promover o ser humano. Romper preconceitos e tabus, renovando e transformando a visão da vida: eis a missão que a cumpre com cursos de estudo do espiritismo, palestras, tratamentos espirituais e diversas atividades, todas gratuitas e voltadas para o amparo da comunidade. Eis também os princípios que definem a linha editorial da Casa dos Espíritos. É por isso que, para nós, responsabilidade social não é uma iniciativa isolada, mas um compromisso crucial, que está no DNA da empresa. Hoje, ambas instituições integram, juntamente com a Clínica Holística Joseph Gleber e a Aruanda de Pai João, o projeto denominado Universidade do Espírito de Minas Gerais — UniSpiritus —, voltado para a educação em bases espirituais *[www.everildabatista.org.br]*.

Quem enfrentará o mal
a fim de que a justiça prevaleça?
Os guardiões superiores
estão recrutando agentes.

COLEGIADO DE GUARDIÕES DA HUMANIDADE

por Robson Pinheiro

FUNDADO PELO MÉDIUM, terapeuta e escritor espírita Robson Pinheiro no ano de 2011, o Colegiado de Guardiões da Humanidade é uma iniciativa do espírito Jamar, guardião planetário.

Com grupos atuantes em mais de 14 países, o Colegiado é uma instituição sem fins lucrativos, de caráter humanitário e sem vínculo político ou religioso, cujo objetivo é formar agentes capazes de colaborar com os espíritos que zelam pela justiça em nível planetário, tendo em vista a reurbanização extrafísica por que passa a Terra.

Conheça o Colegiado de Guardiões da Humanidade. Se quer servir mais e melhor à justiça, venha estudar e se preparar conosco.

PAZ, JUSTIÇA E FRATERNIDADE

www.guardioesdahumanidade.org